Heiliger Bimbam & Teufels Küche

Franz Severin Berger
Elisabeth Tschachler-Roth

Heiliger Bimbam
&
Teufels Küche

Alltägliche Redensarten
und ihre Herkunft

Mit 38 Abbildungen

Franz Severin Berger und Elisabeth Tschachler-Roth:
Heiliger Bimbam & Teufels Küche –
Alltägliche Redensarten und ihre Herkunft

Das Werk erschien erstmals 1999 unter dem Originaltitel:
»Das Blaue vom Himmel« –
Alltägliche Redensarten und ihre Herkunft
Copyright © 1999 by
F. A. Herbig Verlagsbuchhandlung GmbH, München
Genehmigte Lizenzausgabe für area verlag gmbh, Erftstadt
Alle Rechte vorbehalten

Einbandgestaltung: Bille Fuchs, Köln
Einbandabbildung: picture-alliance/akg-images
Satz & Layout: Hans Winkens, Wegberg
Printed in Germany 2005

ISBN 3-89996-499-3

www.area-verlag.de

Inhalt

INHALT

Vorwort

In diesem Buch geht es nicht um das Fundament der Sprache, um Grundwortschatz, Satzbau und Rechtschreibung – all das wird anderswo beschrieben. Hier geht es um die Schnörkel und Maschen, jenen Zierrat, der die Sprache erst zu einem grellbunten Kunstwerk macht: um Redensarten. Viele davon benützen wir jeden Tag, andere sind uns geläufig, ohne dass wir sie ins eigene Vokabular übernehmen, und an wieder andere erinnern wir uns dumpf aus Kindertagen, weil unsere Großeltern sie im Mund geführt haben.

Redensarten sind oft regionalen Ursprungs, zuweilen bis in die graue Vorzeit zurückzuverfolgen und werden manchmal über Sprachbarrieren hinweg weitergegeben. Sie speisen sich aus Vergleichen und lautlichen Umbildungen, aus Leihgaben anderer Sprachen, aus volkstümlicher Weisheit, aus der Rechtsprechung und dem religiösen Leben. Nahe verwandt mit den Sprichwörtern, wirken sie nicht so belehrend. Jedenfalls sind sie reich an Bildern: So hat eine vollständige Sache »Hand und Fuß«, ein ordinärer Mensch »flucht wie ein Kapskutscher« und wenn's zuviel wird, dann geht das »auf keine Kuhhaut« mehr.

Aber wissen wir eigentlich immer, wovon wir reden? Wer »am Hungertuch nagt«, der meint vielleicht, das Tuch sei das Letzte, was noch zum Beißen übrig geblieben sei. Wer als Werturteil abgibt, etwas sei »unter jeder Kanone«, hat dabei möglicherweise das Bild eines Flachfeuergeschützes vor Augen, und wer davon spricht, dass »der Serkel nicht käuflich ist«, der vermutet im Serkel eine Person, untadelig und nicht zu bestechen. Nach dem Sinn ihrer Rede befragt, sind die meisten Sprach-Benutzer erst einmal ratlos, haben aber nach einigem Überlegen ihre eigenen Erklärungen parat, warum es so und nicht anders heißt. Und tappen dabei manchmal genauso im Dunklen wie diejenigen, die sich beruflich mit Sprachforschung beschäftigen. So werden für den oft gehörten Spruch »jemanden ins Bockshorn jagen« von der Sprachwissenschaft nicht weniger als neun Deutungsmöglichkeiten angegeben, manche einleuchtend, einige hanebüchen, andere gar nicht so unlogisch und alle neun bedenkenswert.

Sprache ist einem ständigen Wandel unterworfen – und das betrifft nicht nur die Rechtschreibung, über deren Neuerung viele stöhnen. Bildhafte Wendungen wie »Ich werd' schon wissen, was das Gloria Wind braucht« sind heute kaum noch in Gebrauch. Das ist schade, hängt aber einfach damit zusammen, dass sich die Zeiten geändert haben – in diesem Fall, dass es heute kaum noch Bälgetreter gibt, weil die meisten Orgeln elektrisch angetrieben werden. Um Missverständnissen vorzubeugen: Hier soll kein Stoff geliefert werden für die Seufzer nach der guten alten Zeit und auch keine Munition für Neuerungsgegner, die in den immer zahlreicheren Einsprengseln aus dem amerikanischen Englisch den Untergang der eigenständigen Kultur und damit der deutschen Sprache wittern. Doch wer sich einmal mit dem Thema beschäftigt, erkennt bald, dass Wendungen, die gestern noch gang und gäbe waren, heute von anderen zurückgedrängt und manchmal schlicht unverständlich geworden sind. Gerade diese Schätze zu heben und auch den selten gehörten Redensarten auf den Grund zu gehen war uns ein Anliegen.

Am 28. Juli 2002, knapp vor der Fertigstellung dieses Buches, hat Franz Severin Berger den langen und mit unglaublicher Energie geführten Kampf gegen seine Krankheit verloren. Er war ein Meister der Sprache und ein beredter Geschichtenerzähler und hat sich als Autor mit einer Fülle verschiedener – meist kulturhistorischer – Themen beschäftigt. Er recherchierte mit Leidenschaft und speicherte alles so Erfahrene in seinem phänomenalen Gedächtnis, aus dem er bei Gelegenheit wortgewandt die verblüffendsten Anekdoten zauberte. Vieles von dem Wissen über alte Sprachschätze ist mit Franz Severin Berger gestorben. Einiges ist in diesem Buch erhalten.

Elisabeth Tschachler-Roth
Wien, im Februar 2003

Stadtgespräch

Ein Herr, der sieb'n Sprachen hat gründlich studiert,
der Französisch als wie Deutsch sowohl schreibt als parliert,
der setzt sich hinein ins französische Theater,
sein Lächeln ist still und sein Beifall ein stader.
Ein andrer, der, wenn er nit Deutsch zu Not kunnt',
sich rein müsst' verleg'n drauf, zu bell'n wie a Hund,
der tut, wie die Leut' über einen französischen Spaß lachen.
Der für ihn spanisch is, gleich einen Mordplärrer machen.
Schreit: »Très bien!« und »Charmant!«,
wie von Wohlg'fall'n beseelt!
So gibt es halt allerhand Leut' auf der Welt.

Strophe aus einem Couplet des Lips,
aus »Der Zerrissene« von Johann Nestroy

Wie man zu ebener Erde und im ersten Stock geredet hat – und was davon geblieben ist

Wie kaum ein anderer verstand es Johann Nestroy, dem Volk »aufs Maul zu schauen« – dem städtischen Volk, denn er war selbst ein Kind der Stadt. Vor allem Wien bildete zu Zeiten der Monarchie einen Schmelztiegel, multikulti ging es da zu, und so wies die Sprache der Städter viele Einsprengsel der »Zuagrasten« auf. Das Jiddische hat hier ebenso seine Spuren hinterlassen (siehe Kapitel »Deutsche Worte«, Seite 99) wie das Italienische, Ungarische und Slawische. Vor allem Lehnwörter aus dem Französischen, mit der Zeit verballhornt und dem österreichisch-»bozwaachen« Idiom angepasst, eroberten sich einen festen Platz in der Alltagssprache. Ehe aus dem jungen Mädchen »eine Fräuln« wurde, war sie eine **Mammsell** oder **Mamsö** (französisch Mademoiselle), die Herren wurden mit **Mussi** oder **Mosje** (französisch Monsieur) angesprochen, wie Johann in »Zu ebener Erde und erster Stock«. Ein ziemlicher Unsinn oder eine schmähliche Angelegenheit wurde als **rechta Schmafu** bezeichnet, ein Wort, dessen französische Wurzeln – je m'en fou, es ist mir egal – sich nur bei genauem Hinhören erschließen und das nach und nach darüber hinaus die Bedeutung eines Geizhalses erhielt.

Die Sprache der Höfe

Freilich wurde vornehmlich in vornehmen Kreisen schon lange vor Nestroys Zeiten **parliert** (parler, sprechen), **dischkariert** (discourir, sich über etwas verbreiten) und **dischputiert** (disputer, streiten). Als einer der Ersten brachte wohl Feldmarschall Prinz Eugen, selbst französischstämmig – seine Mutter war eine Nichte des Kardinals Mazarin, sein Vater Prinz von Savoyen-Carignan –, die westliche Sprache an den Wiener Hof. Auch Maria Theresia galt als frankophil, nicht zuletzt durch ihren Lothringer Ehemann. Doch zu jener Zeit waren es erst die Adeligen und in der Folge geflissentlich die Vertreter des Großbürgertums, die das französische Theater oder die französische Buchhandlung in Wien besuchten und sich comme il faut unterhielten. Erst durch die Truppen Napoleons mischte sich das Französische unters Volk. So wird das urdeutsch klingende Wort **mutterseelenallein** heute von manchen Sprachwissenschaftlern auf französische Ursprünge zurückgeführt. Die Soldaten Napoleons wollten, nach geschlagener Schlacht eine weitere Eroberung suchend, die Mädchen des Volkes mit glutäugigen Blicken und mitleidheischenden Sprüchen für sich einnehmen: »Moi, tout seul«, schmachteten sie, und fügten zur Erklärung die deutsche Übersetzung hinzu, eins der wenigen Wörter aus dem Feindesland, das sie kannten: »allein«. Woraus mit der Zeit, weil kein Mensch den Pleonasmus verstand, »mutterseelenallein« wurde. Eine recht schlüssige Erklärung, wenn man bedenkt, dass eine Mutterseele nie so allein sein kann wie ein Soldat in seinem Feldbett.

Doch erst das Volkstheater des 19. Jahrhunderts verschaffte den französischen Vokabeln den Durchbruch. Wer heute meint, unsere Sprache sei überfrachtet von ausländischen Ausdrücken – aus dem amerikanischen Englisch stammend –, kann sich nur wundern, wie wenig Deutsch etwa die Personen gesprochen haben, die sich in Nestroys Stücken tummeln. Da wird **balawudscherlt** (hinter diesem Wort steckt das kaum noch erkennbare parlez-vous-français, sprechen Sie Französisch), was das Zeug hält. Gertrud bügelt in »Einen Jux will er sich machen« die **Schmiseln** (chemise, Hemd), Titus trägt im »Talisman« keinen Mantel, sondern einen **Kaput** (capote, Kaputzenmantel), und als Schlucker in »Zu ebener Erde« dreihundert Gulden als **Rekompenz** bekommt (recompenser, belohnen), weist er in Geberlaune seine Familie an, das Feuer zu löschen, »ich **traktier'** euch« (traiter, behandeln, abgeleitet aus dem Lateinischen tractare, was auch bewirten heißt).

Import aus dem Süden

Die Mehrzahl der Wörter und Redensarten, die vor hundert Jahren gebräuchlich waren, sind peu à peu aus unserem Wortschatz verschwunden. Wer sich früher **völlig batea** (par terre, auf dem Boden) fühlte, ist heute eher down, aus der **Bagasch**, dem Gesindel und Pack (bagage, Gepäck) sind die Prolos geworden, im **Lawur** (lavoir, Waschhaus) muss sich heute keiner mehr waschen. Ebenso wenig wie man an der **Bassena** steht (bassin, Becken), dem Wasserbecken im Stiegenhaus alter Zinshäuser, von dem mehrere Hausparteien ihr Wasser geholt haben. Weshalb man auch nichts mehr **bei der Bassena gehört haben** kann, was soviel bedeutete wie »vom Hörensagen«.

Doch etliches ist erhalten geblieben, wenngleich kaum jemand weiß, wo die Wurzeln stecken. Die **Patschn**, eine scheinbar urösterreichische Wortfindung für Hausschuhe und als **Patschnkino** treffliches Synonym für Fernse hen, geht auf die französischen bottes (Stiefel) zurück; eine Person, die Handlangerdienste vollführt, wird zuweilen immer noch als **Hülfsschackl** tituliert, wobei der **Schackl** höchstwahrscheinlich vom französischen Allerweltsnamen Jacques kommt; und keine deutsche Bezeichnung für den Berufsstand der Leichen- oder Sargträger hat den düsteren Klang des **Bumpfinewaras** (pompes funèbres, Beerdigungsinstitut), auch wenn die Wendung **wia a ausg'stopfter Bumpfinewara** für eine unbedeutende, aber steif und feierlich tuende Person uns nicht mehr geläufig ist.

Doch, wie gesagt, speiste sich die Sprache der Städter auch aus anderer Herren Länder. Besonders was Ausdrücke für Missgeschicke bis hin zur kleinen Katastrophe und die darauf folgende Aufregung betrifft, war die Sprache reich an Importware. **Des is a Fiasko!**, hörte und hört man bis heute, wenn etwas ordentlich schief gegangen und gründlich verpatzt ist. Das Wort stammt aus dem italienischen Handwerksmilieu, genauer gesagt aus der Glasbläserei. Wenn die Lehrlinge die ersten Stücke dieser wahren Kunst produzieren, so bringen sie am Anfang nichts anderes als einfache Flaschen zustande, ehe es ihnen gelingt, komplizierte Gebilde wie Gläser auszuführen. Far fiasco, altro fiasco! riefen die Kollegen dann, was an sich nicht böse gemeint war, sondern als Feststellung: »Er hat eine Flasche gemacht, noch eine Flasche!« Mit den Handwerksgesellen, die seit dem 16. Jahrhundert ebenso wie italienische Sänger, Musiker und Tänzer nach Österreich kamen und **Strawanzer** genannt wurden, weil sie doch etwas Besonderes waren (stravagante, extravagant), fand die Wendung auch zu uns und bürgerte sich als Bezeichnung für jeglichen Misserfolg ein. Möglicherweise hat das Fiasko aber einen anderen Ursprung: Bis ins 18. Jahrhundert wurden in Italien klatschhaften Frauen zur Strafe für ihre Tratschsucht Flaschen an den Hals gehängt – ähnlich wie Katzen, denen man ein Glöckchen umbindet, damit die arglosen Vögel sie kommen hören. Diese Art der Schmähung setzte sich später für Schauspieler durch, wenn sie auf den Volksbühnen eine miserable Leistung gezeigt hatten. Wie auch immer, das Fiasko wurde hier zu Lande ebenso gängig wie der **Balawatsch**, der ebenfalls eine missliche Lage sowie ein ärgerliches Durcheinander bezeichnet. Das italienische balordaggine (Tölpelhaftigkeit) könnte dafür ebenso Pate gestanden sein wie das tschechische palovac, eine Ableitung von paliti (durcheinander laufen).

Die Redensart **a so a Ramasuri** für jede Art von Aufregung, Lärm und Wirrwarr stammt ebenfalls aus dem Italienischen: ramassare heißt aufhäufen und zusammenraffen – wie übrigens im Französischen: ramasser. Allerdings fragen sich manche Sprachforscher zu Recht, was beim Einsammeln, Auflesen oder Anhäufen so einen Wirbel machen soll, und meinen, in der Ramasuri, die vor allem von Nestroy auch **Remisori** geschrieben wurde, das italienische Wort remisura entdeckt zu haben. Doch warum die Freizeit im Kloster, so die Übersetzung von remisura ins Deutsche, die Mönche zu einem wilden Geschrei und Getöse veranlasst haben soll, wie es in der Ramasuri-Remisori mitschwingt, ist auch nicht ganz einleuchtend.

Synonym für dergleichen Auflauf und Krawall, im Stadtleben gar nicht so selten, war der **Bahö**, manchmal verstärkt zu einem **Mords-Bahö**. Auch hier streiten sich die gelehrten Geister, ob der einst häufig verwendete Ausdruck auf das jiddische beholo (Lärm, Bestürzung), auf das italienische bacchello (Festmahl) oder aber auf das ungarische póholni (prügeln) zurückzuführen sei. Wahrscheinlich ist, dass er eine gute österreichische **Mischkulanz** (italienisch: mesolanza, Mischung) darstellt. Ein Findelkind mit unsicherer Herkunft ist auch der **Buschkawü – moch'ns do kann Buschkawü** sagten die Wachleute, wenn ihnen der Wirbel zu groß wurde. Doch ob das lautmalerische

Wort seine Verwandtschaft tatsächlich beim italienischen pasquinata hat, der Schmähschrift und öffentlichen Beleidigung, bleibt dahingestellt.

Botschke, Hadschiluja!

Es heißt immer wieder, Wien wäre um die Wende vom 19. zum 20. Jahrhundert die größte tschechische Stadt gewesen. Bereits in den siebziger Jahren des 18. Jahrhunderts hatte die Einwanderung aus Böhmen und Mähren begonnen, vor allem Handwerker ließen, wie die Wiener wenig schmeichelhaft sagten, »ihre Holzschlapfen am Tabor stehen« und kamen in die Großstadt. Dass sich das Vokabular der **Ziaglbehm**, **Rastlbinder** und **Babuschkas** (slowakisch babuska, alte Frau) und ihre klingenden Namen in der Alltagssprache bemerkbar machten, ist nicht weiter verwunderlich. Mit **Na servas, Pschesina** wurde nicht ein Mann des häufigen tschechischen Namens Brezina begrüßt, sondern Verwunderung, manchmal auch Freude ausgedrückt. Und weil sich die vielen Womackas, Slaninas und Nemeceks schwer taten mit der deutschen Sprache (damals gab es noch keine verpflichtenden Deutschkurse für Einwanderer), wurde fleißig drauflos **gebemakelt** und **powidalt** (tschechisch povidat, plaudern, sprechen). Das war auch **schezko jedno** (to je všecko jedno, das ist alles egal), denn die Wiener verstanden auch so bald, was gemeint war.

Botschke, botschke!, eine Verballhornung des tschechischen Wortes pockje (warten), war früher oft zu hören, wenn etwas zu schnell ging. Dabei standen, Vorurteil muss sein, die Einwanderer aus dem Norden eher im Verruf, **allerweil bomali** (pomaly, langsam) zu sein. **Rechte Damleschis** (tschechisch lezeti, müßig daliegen, tam lezí, dort liegt er) sollen sie gewesen sein, die **tachiniern** (tahnouti se, sich ziehen, sich fortpacken) und – stehlen: **böhmisch einkaufen** oder einen **bemischen Ziagl machen**. Und weil die Wiener immer gern den Ausländern die Schuld geben, wenn sie unzufrieden sind, wurde mit der Eigenschaft »böhmisch« oder »bemisch« alles belegt, was nicht gut oder dumm war: **bemische Dalkn**, ursprünglich eine Mehlspeise, hielt bald als Schimpfwort für eine nicht sehr kluge Frau nördlicher Herkunft her, das männliche Pendant war ein **bemischer Wenzl**, der in einem der zahlreichen diskriminatorischen Wienerlieder als »das größte Gfraßt« tituliert wurde: »Er wird so lang sekirt, bis dass ihm schon scheniert«, hieß es da weiter. Zudem wurde sein **Bfrnak** (frnak, Nase) als charakteristisch für sein Äußeres angesehen; ein Wort, mit dem schließlich jeder ausladende Gesichtserker belegt wurde, egal, woher sein Besitzer stammte. **Eingehen wia a bemische Leinwand** wiederum stand als Vergleich für alles, was irgendwie schrumpfte oder weniger wurde, auch für Menschen, die, aus welchem Grund immer, die Kraft verließ. Dann war er oder es **keinen Schesdak mehr wert** (sestak, Sechser, Sechskreuzerstück). Oft verwendet wurde der Ausspruch **inzwischen geht in Bemen ein**

Viertel ein als Zeitvergleich, wenn etwas auf sich warten ließ. Vielerlei Interpretationen dieser rätselhaft scheinenden Redensart wurden versucht. So wurde das »Viertel« auf ein Glas Wein bezogen, das im Schlund einer Person in Böhmen verschwinden soll – doch dort zu Lande trinkt man eher Bier, das für gewöhnlich nicht in Vierteln ausgeschenkt wird. Manche glaubten, das »Viertel« meine ganze Stadtteile, die nach der Emigration der Böhmen nach Wien wie leergefegt gewesen sein sollen. Doch wahrscheinlich liegt diesem Spruch die »bemische Leinwand« zu Grunde. Die Herstellung einer solchen Leinwand, die für Wäsche, Kleider oder Dekorationsstoffe verwendet wurde, war ein aufwändiger Prozess. Die gewobenen Leinenbahnen wurden schließlich in Wasser und Sonne gebleicht – und liefen dabei jeweils ein, sie wurden ein Stück, manchmal bis zu einem Viertel des Längenmaßes kürzer, ein Phänomen, das heute noch beim ersten Waschen von Leinenstoffen zu bemerken ist.

Zahlenmäßig geringer als die Böhmen waren die inwanderer aus Ungarn, Kroatien oder Bosnien, trotzdem drang einiges von ihrem Wortschatz in die Sprache der Städter ein. **Jemandem von der Maschekseit'n kommen** oder **etwas von der Maschingseit'n anpacken** kann man heute noch manchmal hören, wenn etwas hintenrum oder verkehrt läuft – masik heißt auf Ungarisch der oder die andere. Auch das **Dschinakl**, das kleine Schiff, aus dem nach und nach ein **Schiffanakl** wurde, hat offenbar seinen Ursprung in Ungarn: Dort heißt der Kahn scónak, selbst wenn manch einer behauptet, das Dschinakl ginge auf das italienische Boot, ginaccio, zurück.

Nur wenige Bosnier kamen nach der Besetzung von Bosnien-Herzegowina durch österreichisch-ungarische Truppen im Jahr 1878 nach Wien. Doch einer, ein groß gewachsener Mann, der als Verkäufer von Halstüchern, Feuerzeugen, Messern und allerlei anderem Krimskrams, den er in einem Kasten vor der Brust trug, durch die Straßen zog, gehörte mindestens ebenso zum Stadtbild wie hundert Jahre später »Waluliso«. Er wurde **der Bosniak** genannt, manchmal auch **Bosnieur**, weil er seine Ware nie anpries, sondern immer wie ein feiner Seigneur gemächlich an den Straßenecken auf und ab ging. Manche riefen ihn **Hadschiloja**, nach dem bosnischen Freiheitshelden Hadschi Loja, der 1878 den österreichischen Truppen das Leben sauer gemacht hatte und als Gefangener in der Brünner Festung gestorben war. Was für den Bosniaken noch ein Kompliment war, entwickelte sich mit der Zeit ins Gegenteil. **Du Hadschiloja** blieb unter den Gassenbuben bis in die fünfziger Jahre ein übles Schimpfwort. Eine Zeit lang wurde von Wiener Bäckern auch noch der »Bosniak« angeboten, ein kurzer, breiter Wecken aus dunklem Roggenmehl. Er ist in den letzten Jahren vom Fitness- oder Wellness-Brot verdrängt worden.

Aus Ungarn und Kroatien strömten kroatische Zuwanderer nach Wien. Und selbst wenn sich ihre Zahlen in Grenzen hielten, wurden die Straßentypen der Hausierer und herumziehenden Krämer doch allseits

Der Wenzel kommt.

Lieder Text von M. Klinka.

gesungen nach der gleichnamigen Polka

Druck u. Verlag v. M. Moßbeck Wien, Wieden Waaggasse 7.

No.1. I. Theil.

Es is das höchste G'fraßt, wenn Einer Wenzel haßt
Denn der muß gwiß a Böhm sein, meis auf ihm a gar nöt paßt
Er wird so lang sekirt – bis daß's ihm schon schenirt,
Und er sich anstatt Wenzl, nachher Michl titulirt.

II. Theil.

D'rum wüßt ich gern was in den Namen Wenzel steckt so fein,
Daß jeder der was Wenzl heißt a Wenzelböhm soll sein.

Ein diskriminatorisches Wienerlied

als **Krawaten** oder **Krowotn** bezeichnet, auch wenn sie ganz woanders herstammten: **Zwiefel-Krawat** und **Kolöffl-Krawat**, **Glas-Krawat** und **Holzwaren-Krawat**. Dass diese Menschen nicht eben in Saus und Braus lebten, hat sich in mindestens zwei Redensarten niedergeschlagen, die heute kaum noch gebräuchlich sind: **Der is doch ka Krowot** wurde von jemandem

Der Holzwaren-Krawat

gesagt, der nach Höherem strebte oder sich wenigstens nicht mit Geringem zufrieden gab. Und **zahl, Krowot!** hieß es, wenn einer sich vor dem Begleichen einer Rechnung drücken wollte.

Beredte Berufe

In der Sprache der Städter fanden und finden sich zum Teil viele Redewendungen, die ihren Ausgang im Handwerk hatten – oder zumindest den Anschein haben. **Lehrgeld zahlen** oder **geben** gehört zu den deutlichsten Redensarten in diesem Zusammenhang und ist schon im 16. Jahrhundert in der übertragenen Bedeutung von »durch Schaden klug werden« belegt. Die Grundlage dafür bildet das Lehrgeld, das die Eltern des Auszubildenden früher an die Lehrherrn zahlen mussten. Ein Mensch, der sich ungeschickt anstellt und zwei linke Hände hat, wird auch heute noch aufgefordert, sich **sein Lehrgeld zurückgeben zu lassen**. Etwas **mit Ach und Krach** zuwege zu bringen ist ebenfalls eine alte Wendung aus dem Milieu schwer arbeitender Menschen, ach war im Mittelhochdeutschen gleichbedeutend mit Klage und Leid, im Grunde meinte »mit Ach und Krach« also »mit Ächzen und Krächzen« und nicht so wie heute »mit knapper Not« oder »gerade noch«. Die Bedeutungsumwandlung ist wahrscheinlich darauf zurückzuführen, dass die Wendung Eingang in die Studentensprache gefunden hat, und da hauptsächlich im Zusammenhang mit Prüfungen verwendet wurde. Die

Studenten waren es auch, die daraus einen scherzhaften lateinischen Spruch machten: Cum acho et cracho.

Jemandem aufs Dach steigen in der Bedeutung von »schimpfen« oder »strafen« hat nur scheinbar mit dem Handwerk des Dachdeckers zu tun. Tatsächlich liegt dieser Redensart ein alter Rechtsbrauch zu Grunde, der offenbar schon im 13. Jahrhundert ausgeübt wurde. Damals hatte das Dachabdecken, vor allem bei sittenwidrigem Verhalten in der Ehe, und da wiederum besonders dann, wenn sich ein Mann von seiner Frau schlagen ließ, die Strafe der völligen Hauszerstörung ausgelöst. Im Jahr 1269 soll gar die Papstwahl dadurch beschleunigt worden sein, dass das Dach des Hauses in Viterbo, in dem das Konklave stattfand, abgeräumt wurde.

Überhaupt nichts zu tun mit dem Handwerk der Schneiderei hat die Wendung **etwas hängt an einem seidenen Faden**, auch wenn sie so klingen mag. Diese Redensart für eine prekäre, gar lebensgefährliche Situation geht wahrscheinlich auf Cicero zurück, der vom Höfling Damokles berichtete: Der war vom Tyrannen Dionys zu einem Festmahl geladen, doch während der ganzen Mahlzeit hing ein Schwert an einem Pferdehaar über seinem Kopf – als Zeichen des Tyrannen dafür, dass selbst einem glücklichen Menschen wie Damokles in jedem Augenblick Gefahr droht. Möglicherweise sind auch die griechischen und germanischen Göttinnen dieser Redewendung Pate gestanden. In den Sagen spannen sie jedem Menschen einen Lebensfaden, den sie im Augenblick des Todes durchschnitten.

Wurde jemandem **reiß ab wie a Vierz'gerzwirn** beschieden, so hieß dies, er solle schnellstmöglich verschwinden. Einer, dem nachgesagt wurde, er sei **abg'rissen wie a Sechz'gerzwirn**, hatte sich allereiligst aus dem Staub gemacht. Dass für diese Redensarten nicht der Zwölferzwirn herhalten musste, erklärt sich aus der Tatsache, dass die Garne mit höherer Zahlenbezeichnung immer dünner und damit weniger reißfest werden. Die Wendung **frieren wie ein Schneider** ist schon weniger leicht verständlich, zumal davon ausgegangen werden kann, Schneider hätten immer genug anzuziehen. Doch wahrscheinlich geht dieser Vergleich für kälteempfindliche Menschen darauf zurück, dass Schneider oft – wie das Tapfere Schneiderlein im Märchen – von schmächtiger Statur waren und zudem ihren Beruf in der Stube ausübten, wodurch sie weniger abgehärtet und deshalb überempfindlich gegen die Unbilden des Wetters waren. Ein solch frierender Mensch bibbert und zittert, er **scheppert wie a Kluppensackl**. Da man sich vorstellen kann, welches Geräusch ein Sack mit Kluppen, dem österreichischen Wort für Wäscheklammern, macht, bedarf diese Redensart keiner weiteren Erklärung.

Weniger zart besaitet als die Schneider waren zweifellos die Kutscher, ebenso was ihre Ausdrucksweise anbelangte. **Fluchen wie a Kapskutscher** setzte sich deshalb als Bild für eine etwas derbere Diktion durch. Der Wortteil »Kap«, manchmal auch weich als »Gab« ausgesprochen, stammte vom englischen cap, (Droschke, Mietwagen). Als Cabswagen wurde hier zu Lande ein zweirädriger Schwerlastkarren für Bauarbeiten bezeichnet. Da jeweils ein Kutscher mit zwei Gespannen fuhr, wird klar, dass der nicht viel zu lachen hatte.

Auch die Leimsieder hatten es bei ihrer Tätigkeit nicht leicht. Doch das Rühren in den Leimtrögen war weniger körperlich anstrengend als furchtbar eintönig – der Grund, warum langweilige, geistig etwas schwerfällige Menschen mit **a so a Leimsieder** tituliert wurden. Wenn etwas kaputt geht, entzwei bricht, ein Mensch in die Breite wächst, sagt man immer noch das oder der oder die **geht aus dem Leim**. Eine Wen-

Aus Wiens Stadtbild waren die Bierkutscher nicht wegzudenken.

dung, die schon Abraham a Sancta Clara benützte und die zweifellos aus dem Tischler- und Schreiner-milieu stammt, auch wenn das, was aus dem Leim ge-gangen ist, vorher nicht notwendigerweise geleimt gewesen sein muss. **Jemandem auf den Leim gehen** oder **sich von jemanden auf den Leim locken las-sen**, hat hingegen nichts mit dem Tischlerhandwerk zu tun, sondern ist, im übertragenen Sinn des »sich täuschen oder übervorteilen Lassens«, eine Anspie-lung auf den ehemals mit Leimruten ausgeübten Vogelfang. Dazu wurden dünne Holzstäbchen mit Leim – oder Pech, daher der Ausdruck **Pech haben** – bestrichen und in eine dickere Stange gesteckt. Wenn ein Vogel sich darauf niederließ, gab es für ihn kein Entkommen mehr.

Die Wortfindung **aufmöbeln** in der Bedeutung von »alten Möbeln neuen Glanz verschaffen« war schon zu Ende des 19. Jahrhunderts gebräuchlich, nach und nach wurde von »aufmöbeln« auch dann gesprochen, wenn man einen Menschen moralisch aufrichtet. **Vermöbeln** hingegen wurde ursprünglich als Syno-nym von »verschleudern« oder »verprassen« verwen-det, mit der Zeit änderte sich die Bedeutung jedoch in »verprügeln«. Sprachforscher können zwar keine schlüssige Erklärung dafür abgeben, warum gerade die Möbel – oder das Holz in **verholzen** – für das Ver-abreichen von Schlägen herhalten müssen. Tatsache ist jedoch, dass die gehobene Umgangssprache reich an schönfärberischen Synonymen für Handgreiflich-keiten ist, in denen manchmal handwerkliche Ursprünge durchschimmern, wie auch in **das Fell gerben** oder **versohlen**.

Gerichtlich verfolgt

Gezimmerte Bänke kommen in verschiedenen Redewendungen vor, mit dem Handwerk des Tischlers haben sie allerdings nicht viel zu tun. **Durch die Bank** ist eine immer noch oft gehörte Redensart, wenn »ganz und gar« oder »ausnahmslos« gemeint ist. Dieser Vergleich leitet sich von der Sitte längst vergangener Tage her, als bei Tisch alle Anwesenden der Reihe nach – eben so, wie sie auf der Bank saßen – bedient wurden. Österreichische Adelige konnten ein Lied davon singen, dass an der Festtafel des Kaisers ganz und gar nicht durch die Bank serviert wurde. Der Kaiser wurde als Erster bedient. Hatte er das Gericht beendet, wurde wieder abgeräumt, was damit enden konnte, dass die Herrschaften auf den billigen Plätzen, am Ende der Tafel, erst einen Löffel Suppe gegessen hatten und ihnen der Teller bereits wieder weggezogen wurde. Zögerliche Menschen schieben gerne etwas **auf die lange Bank**. Auch diese Redensart stammt nicht aus dem Handwerk, sondern aus der Rechtspraxis. Wenn die Gerichtsakten eines Falles immer dicker wurden, konnte der Richter schon einmal eine Bank bestimmen, um die Unterlagen zu lagern, wobei das Wort »Bank« gleichbedeutend mit »Truhe« verwendet wurde.

Ebenfalls aus dem Gerichtswesen kommt die Wendung **jemanden in die Schranken (zurück-)weisen**, wenn man jemanden darauf aufmerksam macht, dass er sich daneben benimmt und Takt und Anstand vermissen lässt. Ursprünglich fanden Gerichtsversammlungen im Freien statt, die gaffende Menge wurde durch mit Schnüren verbundene Stäbe, später durch Schranken fern gehalten. Wer diese Absperrungen überschritt, wurde, je nach Usus, zu einer Strafzahlung verdonnert oder verlor auch schon mal seinen Fuß, mit dem er in das eingezäunte Gebiet getreten war.

Ob der alte Brauch, schädliche Raubvögel zur Abschreckung ans Scheunentor zu nageln, tatsächlich verwandt ist mit dem Ausdruck **jemanden fest- oder annageln**, wenn man ihn auf eine Äußerung oder ein Versprechen festlegen will, ist zweifelhaft. Viel eher scheint sich die Äußerung auf den logischen Umstand zu beziehen, dass einer nicht mehr entwischen kann, wenn er mittels eines hölzernen oder metallenen Stiftes irgendwo festgemacht ist. Der **Griaskörndlannagler** ist wohl eine Ableitung davon, denn dieses abschätzige Wort bezeichnet einen, der seine Mitmenschen stetig und kleinkrämerisch an einmal getätigte Aussagen erinnert, und seien sie auch noch so unbedeutend, eben winzig wie Grießkörner, gewesen. **Vernagelt** wiederum ist ein begriffsstutziger Mensch oder einer, dem etwas auf der Zunge liegt, was er dann doch nicht herausbringt. Dieser Ausdruck mag aus dem Schmiedehandwerk stammen: Wenn ein

Schmied schlechte Arbeit leistete, trieb er dem Pferd beim Beschlagen die Nägel ins Fleisch. Möglicherweise leitet sich das Wort aber auch von einer Lügengeschichte des Johannes Olorinus Variscus zu Anfang des 17. Jahrhunderts her, in der erzählt wird, dass jemand ans Ende der Welt gekommen sei, dorthin, wo »die Welt mit Brettern vernagelt« ist.

Aufpassen wie a Haftlmacher hieß es von jemandem, dem nichts entging, der scharfe Augen hatte, und war manchmal als Aufforderung gemeint, gut Acht zu geben. Hafteln waren vor allem vor der Erfindung des Reißverschlusses um die Mitte des 19. Jahrhunderts oft verwendete Schließen an Kleidungsstücken, bestehend aus einem Häkchen und einer Schlinge aus Draht. Da sie, besonders bei Kleidern aus feinen Stoffen, recht klein waren, ist klar, dass die Handwerker, die diese Drahtgebilde herstellten, vorsichtig zu Werke gehen mussten. Das Häkchen als »Mandl« und die Schlinge als »Weibl« zu bezeichnen scheint nahe liegend, und daraus entstand auch eine andere Redensart, die Haftln betreffend. **Ein Haftl machen** war eine Umschreibung für den – eher raschen – Vollzug der ehelichen Pflichten oder außerehelichen Freuden.

Wollte man jemanden darauf hinweisen, dass er eine Sache falsch angepackt hatte, so hieß es früher oft: **Umgekehrt wird ein Schuh draus.** Diese Redewendung, die schon Luther in seinen Briefen verwendet hat, kann darauf zurückgeführt werden, dass in Hand-

Zeichnung von Josef Engelhart, in: »Wiener Lieder und Tänze«
Band II. (Gerlach & Wiedling 1913)/© VBK, Wien, 2003

arbeit hergestellte Schuhe gewendet werden mussten, um die unsichtbaren Innennähte auszuführen. In diesem Zustand sahen sie allerdings einem Schuh nicht sehr ähnlich, man musste sie erst wieder umdrehen, damit ein Schuh draus wurde.

Etwas **bis zur Vergasung** zu tun war eine häufig gebrauchte Redewendung, die heute nahezu verschwunden ist, da sie fatal an das dunkelste Kapitel unserer Geschichte erinnert. Tatsächlich war die Redensart für »bis zum Überdruss« oder »bis zur Erschöpfung« jedoch viel älter und stammte aus dem Bereich der Physik. Jeder, der im Unterricht nicht geschlafen hat, weiß, dass feste Stoffe durch Erwärmung zuerst flüssig, dann gasförmig werden.

Beim Calafati-Chineser und bei der Schmauswaberl

Beredt war nicht nur das Arbeitsleben. Wer nicht **arm wie eine Kirchenmaus** war – Nager finden in der Kirche bekanntlich keine Vorräte –, den zog es in der Freizeit in die Vergnügungsviertel. In Wien ging man in den Wurschtelprater, was nahezu gleichbedeutend war mit **zum Calafati**. 1840 hatte der Zauberkünstler und Taschenspieler Calafati aus Triest die erste Erlaubnis zum Betreiben eines Ringelspiels erhalten. Eine Sensation, in dessen Mitte bald eine neun Meter hohe Figur mit Zopf und Bart prangte: der **Calafati-Chineser**. Diese Bezeichnung wurde in Wien bald zum gängigen Namen für alle groß gewachsenen, imposant dreinschauenden Männer. Auch ein anderer, ehemals bekannter Herr ist in die Sprache eingegangen: **Bravo, Stuwer!** lautete ein beliebter Bewunderungsruf, der große Begeisterung ausdrücken sollte. Er geht auf die

Der große Chineser – Calafatis Ringelspiel

39

ersten Großfeuerwerke im Wiener Prater zurück, die ein Herr Stuwer veranstaltete. Außer dass im zweiten Wiener Gemeindebezirk eine Straße nach ihm benannt ist, wird wohl kaum ein jugendlicher Mensch der Leopoldstadt mit diesem Ausruf und mit dem dahinter steckenden Mann etwas anfangen können.

Billig war das Vergnügen auch damals nicht, vor allem für das äußerst schlecht eingeschenkte **Praterseidl** musste man ordentlich **Federn lassen** – ein bildhafter Vergleich des Geldloswerdens mit dem Geflügel, das in einer Schlinge gefangen ist und beim Versuch, sich zu befreien, Federn verliert. Die Federn des Viehs mussten überhaupt für zahlreiche Redensarten herhalten, derer sich die Städter gern bedienten. Hatte jemand Schulden und wurde daran von seinem Gläubiger unmissverständlich erinnert, so wurde er **gefedert**. Hatte die Einmahnung Erfolg, stand er nachher ziemlich gerupft, nämlich gänzlich ohne Geld da, was auch mit der Wendung, er ist **von den Federn aufs Stroh gekommen**, also verarmt, umschrieben wurde. In einem völlig anderen Zusammenhang konnte man **Federn kriegen**. Das bedeutete nämlich nicht, dass von irgendwoher ein Geldsegen auf einen herniederprasselte, sondern dass man es mit der Angst zu tun bekam. Ob dahinter die Tatsache steckt, dass, wer sich fürchtet, eine Gänsehaut bekommt, die an ein Federkleid erinnert, lässt sich nicht schlüssig feststellen. Möglich ist, dass der Federschmuck auf den Helmen der Wachleute diese Redensart inspiriert hat. Denn wer sich etwas zuschul-

den kommen ließ, der musste mit Recht das Auftauchen der Exekutivorgane mit ihren wippenden und
weithin sichtbaren Federn fürchten. Der **Federntand-
ler** war folgerichtig Synonym für Gendarmen, aber
auch für Angsthasen und Feiglinge.

Die setzten zuweilen eine **Leichenbittermiene** auf.
Dieser düstere Gesichtsausdruck ist jedoch nicht von
den Leichen selbst hergeleitet, die meist ebenfalls
nicht fröhlich dreinschauen, sondern vom Brauch des
»Leichenbittens«. In alten Zeiten war es nämlich der
Leichenbitter, der, mit von Berufs wegen todernstem
Gesicht, von Haus zu Haus ging und im Namen der
Hinterbliebenen zum Leichenbegängnis lud.
Doch zurück zur Freizeitbelustigung der Städter. Wer
es mit dem Geldausgeben übertrieb, dem wurde nachgesagt, er würde **Pflanz treiben** oder **aufhauen**: prot-
zen und sich großtuerisch benehmen. Ein **Pflanzma-
jor** war in dieser Disziplin ungeschlagener Meister.

Mit einer wahren Leichenbittermiene herumlaufen.

Billiger gaben es schon die, die sich damit begnügten, beim Heurigen ein paar Süßigkeiten von der **Schmauswaberl** zu kaufen, die ihre Köstlichkeiten von einem Bauchladen feilbot. Diese klingende Bezeichnung erinnert an eine Krämerin namens Barbara (Koseform: Waberl oder Wawi, die später auf alte geschwätzige Frauen übertragen wurde), die die Speisereste der Hoftafel in einer eigenen Ausspeisung an die Hungrigen brachte. Auch das **Drahdiwaberl**, der Drehkreisel, scheint auf das Bild einer sich drehenden Frau und ihrer sich dabei bauschenden Röcke zurückzuführen sein. Dieser Ausdruck wurde später im Ganovendeutsch für ein Rundfräse-Schweißgerät verwendet.

Auch aus dem Spielermilieu gingen etliche Redewendungen in die Alltagssprache ein: Wenn einer dumm dreinschaut und nicht weiß, was er tun soll, so bekommt er zu hören, er **steht da wie der Pik-Siebener** – ein Vergleich, der wohl auf dem geringen Wert, den die Pik-Sieben in manchen Kartenspielen hat, beruht. **Etwas im Talon haben** als Umschreibung für verborgene Reserven kommt vom Talon (französisch Ferse, Absatz), dem Kartenstock beim Glücksspielen. **Einen Stein im Brett** hingegen hat jemand, der bei einem anderen Menschen etwas gut hat oder von ihm bevorzugt wird. Diese Wendung stammt von einem mittelalterlichen Brettspiel namens Tricktrack. Hatte ein Spieler seine Steine so formiert, dass der Gegner nur schwer an ihnen vorbei konnte, so war von »einem guten Stein im Brett« die Rede, und dieser

Spieler hatte die Partie so gut wie gewonnen. Die Redensart wurde nach und nach auf Menschen angewandt, die es verstehen, ihre Geschäfte und Belange voranzutreiben, und Freunde um sich scharen, die ihnen dabei helfen.

Eine Kunst, die man wohl beherrschen sollte. Oder wie sagte Nestroy? »Kunst ist, wenn man's nicht kann, denn wenn man's kann, ist's keine Kunst.«

Bei de bessern Leit

Ihr Brüder, lernt das Eine
aus dieser schlimmen Fahrt:
Zankt, wenn ihr sitzt beim Weine,
nicht um des Kaisers Bart!

Letzte Strophe des Gedichts
»Von des Kaisers Bart«
von Emanuel Geibel

Noblesse oblige. Oder:
Wie Großkopferte und deren markige Worte
Eingang in die Alltagssprache fanden

Was die Redensart **streiten um des Kaisers Bart** bedeutet, darüber gibt es keinen Zweifel: sich um Banalitäten zanken, um etwas herumstreiten, das die Worte nicht lohnt, und Probleme erörtern, die vielleicht gar nicht zu entscheiden sind. Doch was es an eines Kaisers Bart überhaupt zu diskutieren gibt, darüber entbrannte ein Gelehrtenstreit. In Emanuel Geibels Gedicht, das um die Mitte des 19. Jahrhunderts entstand, ist von drei Burschen die Rede, die Kaiser Friedrich I. auf dem Weg zum Mainzer Dom beobachten und sich anschließend mit ein paar Humpen Wein intus über die Frage in die Haare geraten, ob sein Bart braun, schwarz oder weiß gewesen sei. Dabei trug der Fürst ja, wie an seiner Büste im Stift Kappenberg zu sehen, einen rotblonden Bart, der ihm den Beinamen »Barbarossa« eintrug. Andererseits erzählt die Sage davon, dass Friedrich I. im Kyffhäuser so lange geschlafen hat, bis sein Bart durch den steinernen Tisch gewachsen war – da müsste er eigentlich weiß geworden sein. Die Farbfrage ist also, wenngleich für einen Laien völlig unerheblich, nicht ganz einfach zu klären. Aber auch daran, ob die Redensart tatsächlich auf den Hohenstaufer zurückzuführen ist

Cappenberger Barbarossakopf (Bronze, vergoldet, um 1160):
Friedrich I. Barbarossa, röm.-dt. Kaiser, ertrank 1190 im Saleph.

oder vielmehr auf Karl den Großen, scheiden sich die gelehrten Geister. Denn im Mittelalter stritten sich Bürgertum und Adel im wahrsten Sinne des Wortes um den Bart des Carolus Magnus. Das geht aus den unterschiedlichen Urkundensiegeln hervor, die den Monarchen einmal mit und einmal ohne Bart zeigen und die schlussendlich sogar zu einem Rechtsstreit führten. Manche Sprachforscher bringen überhaupt vor, dass die Redensart ursprünglich »um das Geißenhaar streiten« gelautet habe, die aus dem Lateinischen stammt (de lana caprina rixari) und sich auch im Englischen (to contend about a goat's wool) und im Italienischen (disputar della lana caprina) wiederfindet. Diese Wendung bezieht sich darauf, dass römische Philosophen aus purer Lust an der Diskussion um die Nichtigkeit debattierten, ob es sich beim Fell der Geiß nun wie beim Schaf um Wolle handle oder nicht. Gelöst konnte das Problem nicht werden, das wertlose »Haar der Geiß« soll sich jedenfalls mit den Jahrhunderten zum »Bart des Kaisers« verballhornt haben.

Ob mit oder ohne Bart, die gekrönten Häupter mussten seit jeher für allerlei Redewendungen herhalten. Schon bei Matthäus ist das Jesus-Wort **So gebet dem Kaiser, was des Kaisers ist** nachzulesen, als Antwort auf die Frage der Pharisäer nach den Zinsgroschen, schließlich trugen die Münzen damals noch das Konterfei der Herrscher. Heute, da das Porträt des Bundespräsidenten gerade noch Amtsstuben und Klassenzimmer ziert, hat diese Wendung die Bedeutung von

»seine Pflichten der Obrigkeit gegenüber erfüllen« angenommen. Demgemäß hat, **wo nichts ist, der Kaiser sein Recht verloren**. Sogar im Zusammenhang mit dem stillen Örtchen wird auch heute noch der Herrscher bemüht. Wer mal muss, der begibt sich dahin, **wo selbst der Kaiser zu Fuß hingeht**. Und kleine Kinder, die es gerade erst lernen, werden, um die Wichtigkeit der Sache zu unterstreichen, **auf den Thron** gesetzt.

»Es war sehr schön ...«

In Österreich wird, wie könnte es anders sein, besonders gern der alte Kaiser zitiert, der »sorgenschwer in Schönbrunn« saß, wie es in einem Lied hieß. Leicht hatte er es wahrlich von Anfang an nicht, der Monarch, dessen drakonisches Vorgehen im Revolutionsjahr 1848 dem damals 18-Jährigen das Attribut »unser blutjunger Kaiser« eintrug. Sein Leben und seine Regierungszeit waren geprägt von opfervollen, verlorenen Kriegen und von privaten Schicksalsschlägen: der Selbstmord seines Sohnes, die Ermordung seiner Frau, die Füsilierung seines Bruders und schließlich der Mord an seinem Neffen. Der bezeichnende Ausspruch **Mir bleibt doch nichts erspart**, von dem Karl Kraus behauptete, Franz Joseph habe ihn im Halbschlaf, quasi in Trance gemurmelt, wurde jedenfalls zum geflügelten Wort – und ist es immer noch.

Auch das unbeschwert-einfältig klingende **Es war sehr schön, es hat mich sehr gefreut**, das heute oft leichthin und mit entsprechendem Schönbrunner-deutsch-Näseln bei einer Verabschiedung gesagt wird, hat einen tragischen Hintergrund. 1861 wurden die beiden Architekten Eduard van der Nüll und August Siccard von Siccardsburg mit dem Bau der Wiener Staatsoper beauftragt. Das Duo war bei früheren Aufträgen zu kurz gekommen, mit der neuen Oper sollten die beiden ihre Vorstellungen von einem Gesamtkunstwerk ohne Bindung an Stilnormen und Begriffe verwirklichen können. Der Kaiser war von deren Ausführung, wie viele Kollegen der beiden Architekten, nicht wirklich begeistert. »Mir g'fallts net«, soll er anlässlich einer Besichtigung der Baufortschritte gemurmelt haben. Als sich Eduard van der Nüll ein Jahr vor Fertigstellung des Prachtbaus das Leben nahm, weil er mit den Anfeindungen und Schwierigkeiten in Verbindung mit seiner Arbeit nicht fertig wurde, war der Kaiser zutiefst bestürzt und machte sich Vorwürfe,

Das Wiener Opernhausprojekt von August Siccard von Siccardsburg und Eduard van der Nüll

dass sein negatives Urteil zum tragischen Tod des Architekturprofessors beigetragen haben könnte. Fortan verkniff er sich kritische Kommentare im Bereich der Kunst und hielt es lieber stereotyp mit »Es war sehr schön, es hat mich sehr gefreut«.

Ob der Kaiser kunstsinnig war, nun ja, darüber gibt

»Kaiser Franz Joseph in einer Inkognito-Loge des neuen Burgtheaters«, Zeichnung von Theo Zasche

es verschiedene Meinungen. Ein gerne wiederholtes Zitat – so wenig belegt wie die meisten anderen – lässt jedenfalls Rückschlüsse auf sein Musikverständnis zu: **Ich kenn nur zwei Musikstückln: Das eine ist der Radetzkymarsch. Das andere is er net.** Bis in die Zeit nach dem Zweiten Weltkrieg hat sich zumindest unter sparsamen Menschen und Kindern ein anderer Spruch erhalten: **Licht sparen, hat der Kaiser g'sagt**, mit dieser Feststellung wurden Lichtschalter abgedreht und Gassenkinder zogen sich zum Gaudium gegenseitig die Mützen über die Augen. Tatsächlich war eine Lichtsparmaßnahme kaiserlicherseits zu Anfang des Ersten Weltkrieges verordnet worden: Aus diesem Grund wurde damals auch erstmals die Sommerzeit eingeführt.

Gebildetes Bürgertum

Die besseren Leute, so wird zuweilen behauptet, zeigten (und zeigen) immer gern, dass sie mehr wissen als die anderen. Oder zumindest so tun, als hätten sie **die Weisheit mit Löffeln gefressen**, eine Redewendung, mit der die Häme von zwei Seiten über die Besserwisser und Neunmalklugen gegossen wird: Weder kann man Weisheit zu sich nehmen, noch geht es so schnell wie das Löffeln von Brei oder Suppe. Außer natürlich, man bekommt das Wissen »eingetrichtert«, und zwar **mit dem Nürnberger Trichter**. Diese Redensart, die sowohl scherzhaft für eine Lernmethode verwendet wird, mit der selbst dem Dümmsten etwas

»Mit dem Nürnberger Trichter eingießen.«,
Stich von Hans Jörg Mannasser

beigebracht werden kann, als auch für etwas brachiale Lehrweisen, geht auf den Nürnberger Dichter und Senator Georg Philipp Harsdörffer zurück. Um die Mitte des 17. Jahrhunderts gab er ein Lehrbuch der Poesie heraus, betitelt »Der Poetische Trichter. Die Teutsche Dicht- und Reimkunst, ohne Behuf der lateinische Sprache, in VI Stunden einzugießen«. Dieses Regelwerk für das Schreiben von Gedichten in Deutsch wurde ein wahrer Seller, bereits nach drei Jahren erschien die zweite Auflage. Und bald wurde es unter dem Kurztitel »Nürnberger Trichter« gehandelt, nicht ohne auch genügend schlechte Kritiken einzuheimsen: Manch einer fand es doch lächerlich, dass die Dichtkunst etwas sein sollte, was »ein jeder Knab in kurzer Zeit erfassen wird können«.

Ungefähr hundert Jahre später war in dem Band »Geschichten und Märchen für jung und alt« von Eduard Duller die Erzählung des Schneidersohns Hans Wurst zu lesen, der von Tripsdrill nach Nürnberg wandert, um den viel zitierten Wundertrichter zu suchen. Bei den Schmieden angekommen, erfährt er, dass der König von Utopien den Trichter erworben hat. Also wandert Hans Wurst weiter nach Utopien. Im Schloss des Königs kann er den gesuchten Trichter zwar bewundern, wird aber als Eindringling ins Gefängnis geworfen. Nach seiner Flucht trifft er einen Zwerg, der ihm viele, viele wunderliche und höchst lehrreiche Dinge erzählt. Und die Moral von der Geschicht? Wer zuhört, was die anderen zu sagen haben, braucht den Nürnberger Trichter nicht.

Der Doctor Nolens Volens von Milius. 1760.
Mad. Rohrbeck als Columbine.
Hr. Nestroy als Hanswurst.

Doktor Nolens Volens

Sehr weise und belesen klingt es allemal, wenn man seine Rede mit ein paar Floskeln aus anderen Sprachen schmückt: zum Beispiel aus dem Französischen, das einst ebenso beliebt war wie heute das amerikanische Englisch. Über die frankophonen Einsprengsel, die vom kaiserlichen Hof ihren Weg in untere Schichten fanden, wird an anderer Stelle ausführlich berichtet (siehe Kapitel »Stadtgespräch«, ab Seite 15). Manch einer ging (und geht) gern mit seiner Altphilologen-Schulbildung hausieren. Die Zuhörer müssen es – **nolens volens** – hinnehmen. Diese aus dem Lateinischen stammende Wendung wird als Synonym zu »wohl oder übel« gebraucht, manchmal scherzhaft oder schlicht falsch »nolenz bolenz« ausgesprochen, und heißt übersetzt eigentlich »wollend – nicht wollend«. Wahrscheinlich war der Kirchenlehrer Augustinus der Urheber, der sich in seinen »Retractationes« über die Begehrlichkeit des Fleisches auslässt, für die der Mensch nicht verantwortlich gemacht werden könne, wohl aber dafür, ihr nachzugeben. So in dem Sinne von **der Geist ist willig, aber das Fleisch ist schwach**, einem Bibelzitat, das der gehobene Bildungsbürger ebenfalls von sich gibt, und das heute in abgewandelter Form auf Übergewichtige mit einer gewissen Diätresistenz angewandt wird: »Der Geist ist willig, aber das Fleisch schmeckt zu gut.«

Das lateinische Kürzel **non olet** (stinkt nicht) wird nur in einem Zusammenhang verwendet: mit Geld. Wie jeder weiß, nehmen Münzen und Scheine kaum einen Geruch an, woher sie auch stammen mögen. Im landläufigen Sinn ist damit gemeint, dass selbst nicht ganz sauber verdientes Geld keinerlei Rüchlein anhaftet – trotzdem gehen Mafiabosse und Drogen- dealer heute auf Nummer Sicher und nehmen eine »Geldwäsche« vor. Anders der römische Kaiser Ves- pasian, der sogar die Benutzungsgebühr römischer Bedürfnisanstalten mit einer Steuer belegte. Auf den Vorwurf, dass das nun wirklich zu weit gehe, meinte er bloß, dass man es dem Geld doch nicht anrieche, woher es komme: pecunia non olet.

Wenn Geld schon nicht stinkt, so wird es doch oft als »schnöd« bezeichnet, und heißt dann nicht mehr Geld, sondern »Mammon«. Der **schnöde Mammon** mag zwar etwas sein, das man im Grunde gerne hätte, nach außen hin aber doch verachtet und verächtlich macht, wenigstens scherzhaft. Bei den Syrern war Mammon der Gott des Reichtums, im Aramäischen heißt mamona »Besitz«. Matthäus (6,24) verwendete das Wort erstmals abschätzig: »Ihr könnt nicht Gott dienen und dem Mammon«, heißt es da. »Schnöde« wiederum bedeutet soviel wie »erbärmlich« und geht auf das mittelhochdeutsche snaede zurück, das auch im Sinne von »dünn behaarten Pelzen« verwendet wurde. Vor allem die Dichter um die Wende des 18. zum 19. Jahrhundert bemühten dieses Adjektiv gern: Goethe sprach von »schnöder Verirrung«, E.T.A. Hoff- mann von »schnöden Kunststücken«. Heute ist das Beiwort fast nur noch im Verein mit dem Mammon anzutreffen – und vor allem im Sprachschatz jener

Kreise, die sich um die Vermehrung desselben keine Sorgen zu machen brauchen.

Im weitesten Sinn mit Geld zu tun hat die Wendung **homo homini lupus**, auch wenn das auf den ersten Blick nicht erkennbar ist. »Der Mensch ist dem Menschen ein Wolf« heißt die Übersetzung. Gebraucht wird die Redensart, wenn darauf Bezug genommen wird, dass der Mensch des Menschen ärgster Feind ist. Urheber ist der umbrische Komödiendichter Titus Maccius Plautus, der in seinem Stück »Asinaria« einen Kaufmann diese Worte als Grund dafür angeben lässt, warum er einem Unbekannten nicht einen Batzen Geld borgen kann. Der englische Philosoph Thomas Hobbes lieh sich den markigen Ausspruch in seiner Abhandlung »Leviathan« als Charakterisierung für den Menschen schlechthin, der aus schlichter Selbsterhaltung, aber auch aus Lust nach Macht strebt – oft zum Schaden anderer.

Vor allem von Lehrern und Eltern wird gern ein getragenes **quod licet jovi, non licet bovi** im Munde geführt, wenn es darum geht, die Kinderlein zur Räson zu bringen und derem Argument zu begegnen, dass sie nur das täten, was die Altvorderen tun. Die genauen Ursprünge dieser lateinischen Wendung, die soviel heißt wie »was dem Jupiter erlaubt ist, darf der Ochse noch lange nicht« liegen im Dunkel der Geschichte. Jupiter war jedenfalls der lateinische Name des indogermanischen Licht- und Himmelsgottes und das Pendant zum griechischen Gott Zeus, der ja be-

kanntlich einige Narrenfreiheit genoss und der allerhöchstens noch von seiner Frau Hera in seinen Taten
gebremst werden konnte.

Auch die Wendung **non plus ultra** wird vom Bildungsbürgertum gern benutzt. Sie steht, auf Deutsch
zum Hauptwort **Nonplusultra** zusammengezogen,
zuweilen sarkastisch gemeint, für etwas Unübertreffli-
ches, Unschlagbares. Wörtlich übersetzt heißt die lateinische Floskel »nicht mehr weiter«, und in diesem
Sinne verwendete sie Herakles, der griechische Held.
Er ritzte die Worte in die Felsen, die die Straße von
Gibraltar begrenzen, denn für die Griechen war diese
Meerenge das Ende der Welt – es ging nicht mehr
weiter.

Helden, Götter und anderes Personal
aus der Literatur

Personen und Zitate aus Literatur und Mythologie
sind reichlich in der Sprache der Oberschicht vorhanden. Daran erkennt man sozusagen **seine Pappenhei-
mer**. Im letzten Teil seiner Trilogie legt Schiller diesen
Ausspruch dem Feldherrn Wallenstein in den Mund,
nachdem das Kürassierregiment des Grafen von Pap-
penheim ihm die Treue hält, während sich die anderen Truppen von ihm abwenden. Wer seine Pappen-
heimer kennt oder erkennt, der weiß – aufgrund von
verschiedenen Charaktereigenschaften, Eigenheiten
oder früheren gemeinsamen Erlebnissen –, mit wem

er es zu tun hat. Das tut auch Oberst Buttler im selben Schiller-Drama. Er schätzt aber vor allem seine Österreicher richtig ein und spricht über den **Dank vom Haus Östreich**, womit er jedoch genau das Gegenteil meint, nämlich den sprichwörtlichen Undank des Kaiserhauses in politischen Belangen. Das Zitat wurde zum geflügelten Wort – in Österreich weniger als in Deutschland, versteht sich.

Rätselhaft scheint beim ersten Hinhören der Ausspruch **Das ist des Pudels Kern** als Ausdruck einer plötzlichen Erkenntnis, eines so genannten Aha-Erlebnisses. Kann ein Pudel einen Kern haben? Im Original lautet der Spruch **Das also war des Pudels Kern!**, was die Sache schon etwas verständlicher macht, und ist dort zu finden, von wo der Großteil der deutschen Literatur-Zitate stammt: beim Dichterfürsten Goethe höchstpersönlich, genauer gesagt, im »Faust I«. Auf seinem Osterspaziergang begegnet Faust einem Pudel, der ihm durch sein sonderbares Verhalten auffällt. Der Pudel folgt Faust in sein Studierzimmer, verwandelt sich dort in einen fahrenden Scholaren, eine der Verkleidungen des Mephisto. Kein Wunder, dass sich Faust hier zu diesem Ausruf der Überraschung hinreißen lässt.

Schicksalhaft ist das Erlebnis des Milchweibs in Jean de La Fontaines gleichnamiger Fabel. Das Mädchen Perrette ist auf dem Weg zum Markt, wo es den Topf Milch, den es auf dem Kopf balanciert, verkaufen will. Im Gehen überlegt es sich, was es um das Geld alles kaufen wird: zuerst einmal ein paar Küken, von deren Verkauf es ein Schwein erwerben und mästen will, um dessen Erlös wiederum ein Kalb und wenn das Kalb groß ist ... Vor lauter Freude hüpft Perrette in die Höhe, »jähen Falles stürzt hin die Milch: Kuh, Kalb, Schwein, Küchlein – hin ist alles«. Übrig geblieben ist von dieser wenig bekannten Fabel La Fontaines, deren Botschaft ist, nicht zu weitläufige Luftschlösser zu bauen und immer hübsch auf dem Boden zu bleiben, ein Wort, das darin gar nicht vorkommt: die **Milchmädchenrechnung**. Diese Bezeichnung steht für unlogische oder zu einfache Kalkulationen jeglicher Art, für hohe Erwartungen, die sich aufgrund unzureichender Ausgangsbedingungen nicht erfüllen können, und ist seit dem 19. Jahrhundert fest in unserer Sprache verankert.

Weitaus bekannter ist ein anderer Held aus der Literatur, dessen Arbeit stets dann zitiert wird, wenn ein Streben aussichtslos wird und sich die Mühe und Plage dafür tagaus, tagein wiederholt: Sisyphus, der Gründer und erste König Korinths. Ihm gelingt es zwar mehrfach, den Tod zu überlisten, doch wie Homer in seiner »Odyssee« schildert, wird er schließlich dazu verdammt, einen Felsbrocken einen steilen Berghang hinaufzuwälzen. Knapp vor dem Gipfel rollt der Felsen immer wieder zurück, und der König muss seine **Sisyphusarbeit** von Neuem aufnehmen.

Und noch ein Zitat aus der »Odyssee« zeigt die Bildung des Bürgers: **zwischen Szylla und Charybdis** befindet sich jemand, der in einer besonders misslichen Lage steckt. Es bleibt ihm nur zwischen zwei Übeln zu wählen. Odysseus, so will es der Dichter, gelingt es zwar, dem gefährlichen Strudel Charybdis in der Straße von Messina auszuweichen. Doch das Seeungeheuer Szylla, ein sechsköpfiges Monster, lauert gleich in der Nähe und verschlingt sechs seiner Gefährten.

Wer in einer solchen Situation eine Entscheidung trifft und seine Vorgehensweise rechtfertigen will, der sagt gerne, er habe **der Not gehorchend, nicht dem**

Die feine Lebensart …

eigenen Trieb gehandelt. Mit diesen Worten hebt Donna Isabella in Schillers »Die Braut von Messina« ihren Monolog an, in dem sie erklärt, warum sie vor den Ältestenrat tritt.

Wider das Banausentum

Wer das alles nicht weiß, wer keinerlei Verständnis für die höheren Künste und die feine Lebensart, das **Savoir-vivre**, hat, der gilt schnell als **Banause**. Diese Bezeichnung, die im 19. Jahrhundert im deutschen Sprachraum auftauchte, ist ein abschätziger Ausdruck für ungehobelte Menschen, die mit einem Schnitzel mehr anfangen können als mit Schnitzler und die meinen, Ariel sei ein Waschmittel. Ursprünglich stammt das Wort aus dem Griechischen. Platon bezeichnet in seinem »Symposion« mit banausos einen Handwerker, der sein Geschäft ohne die Unterstützung von Sklaven betreibt und demzufolge so viel Arbeit hat, dass ihm keinerlei Muße für die Beschäftigung mit schöngeistigen Dingen bleibt.

Eine ähnlich herabsetzende Bedeutung steckt in der Wendung, jemand sei **kein großes Kirchenlicht**. Mit den flackernden Kerzen in einem Gotteshaus hat diese Redensart nichts zu tun. Vielmehr wird Licht ja in vielen Sprachen als Synonym für den Geist benützt, im Sinne der Erleuchtung, die einem durch Wissen oder Erkenntnis widerfährt. Schon Jesus bezeichnete seine Jünger als »das Licht der Welt«, Cicero nannte berühmte Männer lumina civitatis und Augustinus galt allgemein als lumen ecclesiae, als Licht der Kirche. Wer mit dergleichen Weisheit nicht aufwarten kann, der ist eben das Gegenteil oder muss sich neuerdings gefallen lassen, als »unterbelichtet« hingestellt zu werden. Doch er sollte die Hoffnung nicht aufgeben: Es kann ihm ja immer noch **ein Licht aufgehen**.

Im Anfang war das Wort

Vom Himmel hoch da komm ich her,
ich bring euch gute neue Mär,
der guten Mär bring ich so viel,
davon ich sing'n und sagen will.

Worte und Weise von Martin Luther

Von großen Glocken, Schmachtfetzen und Bockshörnern: religiöse Wurzeln alltäglicher Redensarten

Zahlreich sind die Redensarten und Sinnsprüche, die sich, aus der Bibel, der Kirche oder von den »gweichten Herren« kommend, in unserer Sprache eingebürgert haben. Dabei muss, wer **eine Predigt hält** oder **jemandem etwas predigt**, nicht unbedingt das Wort Gottes verkündigen. In der Umgangssprache hat die Wendung meist die Bedeutung von »jemandem ins Gewissen reden« oder »jemanden zu bekehren suchen«, und das keineswegs in knappen Worten. Geht es um sittliche Grundsätze, werden dergleichen Zurechtweisungen **Moralpredigt** genannt. Die Steigerungsstufe ist die **Gardinenpredigt**, bei der man sich sofort fragt, woher die Gardinen kommen – Kirchen und insbesondere Kanzeln sind ja im Allgemeinen nicht damit geschmückt. Wahrscheinlich ist, dass es sich bei einer Gardinenpredigt um eine Strafrede handelt, die nur aus weiblichem Mund ertönt, genauer gesagt, aus dem Mund einer Ehefrau, die ihren Mann zur Rede stellt, wenn er spät in der Nacht nach Hause kommt und zu ihr unter die Decke schlüpft. Darauf weist schon der Straßburger Stadtschreiber Sebastian Brant in seinem 1494 entstandenen »Narrenschiff« hin, in dem er in Holzschnitten und Reimen die

Laster und Torheiten der Menschen in verschiedenen Narren personifiziert. Da Betten früher von Gardinen umrankt waren, um die Wärme drinnen und die Insekten draußen zu halten, fand das Geschimpfe eben hinter Vorhängen statt. Doch selbst das Donnerwetter hinter Gardinen ist noch zu überbieten: Wer eine **Kapuzinerpredigt** über sich ergehen lassen muss, der hat nichts mehr zu lachen – ebenso wenig wie die Menschen in Wallensteins Lager, die am Tag des Herrn nichts Besseres zu tun haben als zu singen und zu scherzen, worauf sie ein Kapuzinermönch wortgewaltig zurechtweist. Vorbild für die Figur dieses Mönchs in Schillers Drama »Wallensteins Tod« war ein für seine harschen Kanzelreden berühmter Prediger: Abraham a Sancta Clara. Er gehörte allerdings nicht dem Kapuziner-, sondern dem Augustinerorden an.

Nahe an der Predigt im Sinne von Zurechtweisung ist die Redensart **jemandem die Leviten lesen**, die auch in der Form von **jemandem den Text lesen** zu hören ist. Unter »Leviten« sind in diesem Zusammenhang nicht die israelischen Priester zu verstehen, sondern das dritte Buch Mose, »Leviticus«, mit den Verordnungen für die Geistlichen. Im 8. Jahrhundert waren die Sitten der Geistlichkeit dermaßen verwildert, dass Chrodegang von Metz, als Laie zum Bischof bestellt, sich alsgleich als Kirchenreformator hervortat und einen Kanon in der Art der Benediktinerregel aufstellte. Darin verpflichtete er die Ordensherren nach der Morgenandacht zu gemeinsamem Gebet und Gesang, und las ihnen anschließend den Leviticus vor,

worauf er noch allerlei Ermahnungen und Maßrege-
lungen anschloss.

Von Menschen, die sich anderen gegenüber gern als
Moralapostel aufspielen, selbst aber ganz und gar
nicht nach den von ihnen gepriesenen und verbreiteten Regeln der Sittlichkeit und vor allem der Enthalt-
samkeit leben, heißt es, **sie predigen Wasser und
trinken Wein**. Meist verhallen ihre Worte aber ohnehin ungehört oder zumindest unbefolgt und sie
fühlen sich wie ein **Rufender in der Wüste**. Diese Bezeichnung für einen Mann, dessen Mahnungen und
Aufforderungen verhallen, ohne dass ihnen jemand
Bedeutung schenkt, stammt aus der Bibel. Beim Pro-
pheten Isaias (40,3) ist nachzulesen: »Die Stimme
des Rufenden in der Wüste: Bereitet den Weg des
Herrn, macht zurecht in der Wüste die Steige unseres
Gottes.« Matthäus nimmt diese Wendung auf (3,3)
und schreibt sie Johannes dem Täufer zu, der in der
Wüste des Judenlandes predigte. Erst Martin Luther
machte in seiner Übersetzung aus dem »Rufer« einen
»Prediger«.

Vom Gebet zum Pontius

Jemanden ins Gebet nehmen, im Sinne von »zur Rechenschaft ziehen«, was schon mal mit dem Adverb
»scharf« entsprechend verstärkt werden kann, scheint
auf den ersten Blick religiöse Wurzeln zu haben.
Schließlich haben Volksprediger tadelnde Anmerkun-

gen immer wieder gern in die Gebete eingebaut, und Beichtväter den Sündern ihre Bußgebete vorgesagt. In ihrer ursprünglichen – heute nicht mehr gebräuchlichen – positiven Bedeutung von »für jemanden Sorge tragen« mag die Wendung daher stammen, dass in der katholischen Liturgie die lebenden und verstorbenen Gläubigen und ihre Anliegen in die Fürbitten einbezogen und Maria und die Heiligen darin angerufen werden. Auch die evangelische Kirche kennt im Gottesdienst Fürbitten des Einzelnen sowie das Allgemeine Kirchengebet, in dem um Nachsicht und Mitleid für die Notleidenden angesucht wird. Manche Sprachwissenschaftler sehen jedoch einen ganz anderen Zusammenhang und pochen darauf, dass die Wendung von dem norddeutschen Wort gebett (Gebiss) abzuleiten sei. Ein »ins Gebiss genommenes« Pferd kann nicht mehr ausbrechen, ist gezügelt und muss brav dorthin traben, wohin ihn sein Reiter führt.

Gebetet wird nicht nur in der Kirche, sondern auch in der Küche. So hat sich eine Zeitmessung durchgesetzt, die ganz und gar ohne Uhr auskommt, um die entsprechende Gardauer von Speisen sicherzustellen, etwa **drei Vaterunser für die Butter** oder **vier Gegrüßet seist du, Maria für die Eier**. Wo vom Beten die Rede ist, da ist das Amen nicht mehr weit. So wird bei einer logischen Abfolge von Ereignissen oder Handlungen gern behauptet, etwas komme **so sicher wie das Amen im Gebet**. Wer **ja und Amen** sagt, der ist mit einer Sache einverstanden, wenn auch nicht

Pontius Pilatus wäscht seine Hände in Unschuld.

immer aus freien Stücken, zuweilen eher um des lieben Friedens willen. Das ist nicht weit hergeholt, schließlich heißt amen sowohl auf Hebräisch als auch auf Lateinisch und Griechisch »wahrlich, es geschehe« und ist das bekräftigende Schlusswort der Gebete im christlichen, jüdischen und islamischen Gottesdienst und als Ausdruck der Zustimmung schon im fünften Buch Moses (27,15-26) nachzulesen: »… und alles Volk soll antworten und sagen: Amen.« Wer **erst zum Amen in die Kirche kommt**, der gehört nicht gerade zu den pünktlichen Zeitgenossen und verpasst jedenfalls das Wesentliche.

Wer hingegen **wie der Pontius ins Credo kommt**, der taucht an ganz und gar unpassender Stelle auf oder bekommt eine Bestätigung, die ihm gar nicht gebührt. Schließlich ist das Credo das Apostolische Glaubensbekenntnis, und Pontius Pilatus, der arrogante und unfähige römische Statthalter von Judäa, ist für die Verurteilung Jesu verantwortlich zu machen, selbst wenn er **seine Hände in Unschuld** wusch. Trotzdem wird er im Credo, wenn auch nur in dem Nebensatz »… gelitten unter Pontius Pilatus«, zitiert. Pilatus, dessen Ende im Dunkeln liegt, kommt namentlich noch in einer anderen oft gehörten Redensart vor: **von Pontius zu Pilatus geschickt werden**, oder auch aktiv **von Pontius zu Pilatus rennen**. Diese unsinnig anmutende Wendung – schließlich war Pontius Pilatus nur ein einziger Mann – wird meistens dann gebraucht, wenn jemand einen Amtsweg zu beschreiten hat oder eine Auskunft möchte, sich aber keiner so richtig zuständig fühlt, und der Betreffende von einer Person an die andere und wieder an eine nächste verwiesen wird, bis er sich schließlich am Ausgangspunkt wiederfindet – gerade so wie Karl Valentins »Buchbinder Wanninger«. Die Bibelstelle ist bekannt: Jesus wird von Pilatus zu König Herodes und von Herodes wieder zu Pilatus geschickt. Da in Passionsspielen diese Szene in ihrer Ausweglosigkeit gern ausführlich dargestellt wird, mag sich die Redensart daraus entwickelt haben.

Heiliger Bimbam

Glocken werden für gewöhnlich mit Kirchen in Verbindung gebracht, und so scheint der Ausspruch **wissen, was die Glocke geschlagen hat** in der Bedeutung von »schon aus einer kleinen Andeutung verstehen, worum es geht« nur allzu verständlich. Doch die Kirchenglocken sind dabei eigentlich zweitrangig. Denn auch die Redensart **etwas an die große Glocke hängen**, die soviel heißt wie etwas, vor allem Themen privater Natur, zum allgemeinen Gesprächsstoff zu machen, hat nur bedingt mit dem sakralen Schall zu tun. Vielmehr geht dieser Spruch darauf zurück, dass vor der Zeit der Massenmedien wichtige Verlautbarungen durch einen Gemeindediener bekannt gemacht wurden, der, um sich die nötige Aufmerksamkeit zu verschaffen, mit einer mehr oder weniger voll tönenden Schelle ausgestattet war. Nur Ankündigungen von weit tragender Wichtigkeit wurden durch das

Geläut der Kirchenglocken im wahrsten Sinne des Wortes **eingeläutet**, worauf diejenigen, die der amtlichen Ankündigung nicht das gebührende Gehör schenkten, dann bloß **etwas läuten gehört** hatten.

Tut's nicht Hund ausläuten! lautet die Ermahnung an Kinder, die beständig mit den Beinen baumeln, eine Redensart, die das Bild von Hunden, die durch eine Glocke aufgeschreckt und böse werden, heraufbeschwört – ähnlich der Warnung, man solle schlafende Hunde nicht wecken. Doch tatsächlich liegt dieser Wendung ein Brauch zu Grunde. Traditionell wird beim Tod eines Menschen beziehungsweise bei seinem Begräbnis die Glocke »ausgeläutet«, was natürlich nicht üblich ist, wenn ein Tier stirbt. Das geräuschlose Pendeln der Kinderbeine wurde in dieser Redewendung mit dem tonlosen Läuten einer Glocke gleichgesetzt.

Überhaupt nichts mit dem heiligen Bimbam hat naturgemäß die Wendung **die Sauglocke läuten** oder **gern die Sauglocke läuten hören** zu tun. Damit ist gemeint, dass jemand gern unflätige Witzchen von sich gibt beziehungsweise sich an Schweinischem zu ergötzen beliebt. Religiöses kommt dabei nur insofern ins Spiel, als die Sauglocke in einem alten Sprichwort mit dem Teufel in Verbindung gebracht wird: »Wo man bei Tische zötelt und die Sauglocke tönt, da wohnt der Teufel«, heißt es da. Es war wieder der bereits genannte Sebastian Brant, der dergleichen Witzereißer als Narren mit Glocken darstellte, die ein ebenfalls mit Glöckchen behängtes Schwein führen, zumal die Sau ja seit jeher unverschuldet für wenig schmeichelhafte Vergleiche mit menschlichen Eigenschaften herhalten musste.

Die Ursprünge des Ausrufes **jetzt schlägt's 13!** als Ausdruck der nicht sehr angenehmen Überraschung sind nicht restlos geklärt. Bekanntlich schlägt selbst die imposanteste Kirchturmuhr höchstens zwölfmal. Und bekanntlich ist die 13 eine Unglückszahl, und zwar seit den Zeiten des babylonischen Duodezimalsystems, wo sie auf die heilbringende 12, die Schlusszahl, folgte. So war die 13 die Zahl der babylonischen Unterwelt, die das Vollkommene zerstörte. In einem heute nicht mehr oft gehörten Sprichwort heißt es, die 13 sei des Teufels Dutzend. Wo sie auftaucht, kann es also nicht mit rechten Dingen zugehen.

Der Fürst der Hölle

Teuflisch geht es in vielen Redensarten zu, die Macht des Bösen scheint in der Alltagssprache allgegenwärtig. Das deutsche Wort Teufel leitet sich aus dem mittelhochdeutschen tiuvel ab, das wiederum auf den griechischen diabolos zurückgeht, was eigentlich »Verwirrer« und »Verleumder« heißt. Der hebräische satan hingegen ist der dem guten Gott entgegengesetzte »Widersacher«. Im Althochdeutschen war der von Gott abgefallene Engel ursprünglich der unholdo, ein Unhold eben, und je nach Landschaft wird er als »Deibel« oder »Deixel« tituliert. So ist **pfui, Deixel!** ein gängiger Ausruf des Grausens, und der Deixel, Deibel oder Teufel ist es auch, der, als meist etwas übertriebenes Vergleichsobjekt herangezogen, sofort Aufschluss über die Qualität der Ereignisse, Handlungen oder Sitten gibt: Wer nicht vom Gaspedal steigen mag, **fährt wie der Teufel (Deibel, Deixel)**, und wer schon ein paar Tage auf die Körperpflege verzichtet hat, **stinkt wie der Teufel (Deibel, Deixel)**. Der Nachwuchs, der sämtliches Spielzeug, Mobiliar oder Kleidungsstücke aus Unachtsamkeit zerschlägt oder zerfetzt, wird als **Reißteufel** tituliert. Und beim Fluchen, Schimpfen und Streiten wird der Teufel allemal gern und in allen mundartlichen Färbungen zitiert: **Fixteufel, noch einmal!** heißt es da, **in drei Teufels Namen** oder **Himmel, Kreuz, Teufel!** Auch Lehnwörter, deren Herkunft mit der Zeit unkenntlich geworden ist, gibt oder gab es etliche: Dem klangvollen **Herdegatta!** hört man das ungarische ördög adta (»der Teufel gab es«) nicht mehr an.

Noch relativ harmlos ist es, **mit dem Teufel zu spielen**. Das tut jemand, der während des Gebets, wenn die Hände eigentlich ruhig und sittsam gefaltet sein sollten, die Daumen dreht. So einer kann verständlicherweise nicht recht bei der Sache sein, es gar nicht ernst meinen mit dem Gebet. Und da muss er aufpassen, denn wenn er weiter so mit dem Teufel spielt, kann das schlimm ausgehen.

Wer **in Teufels Küche kommt**, der ist übel dran und in allerhöchster Gefahr, denn er befindet sich eigentlich schon mitten in der Hölle, mit allen Qualen und Martern, die dort bereitgehalten werden. Noch im 16. Jahrhundert war von der Hölle als Küche die Rede, wo der Teufel, umringt von Zauberern und Hexen, sein Süppchen aus den Eingeweiden der Sünder kochte. Ob der **Teufelsbraten**, ein wilder, sittenloser Mensch oder ein widerspenstiges Kind, das Resultat seiner Kochkünste ist oder dem Teufel als Speise dargereicht wird, bleibt Auslegungssache. Jedenfalls wird ein solcher auch gern als jemand beschrieben, der **dem Teufel aus der Butte gesprungen** oder **des Teufels** ist oder sogar **den Teufel im Leib** hat. Zeigt jemand solch unbeherrschte Verhaltensweisen eher anfallsmäßig, so wird er **vom Teufel geritten**. Diese bild-

Die Teufelsküche, deutsches Ölgemälde aus dem 17. Jahrhundert

hafte Wendung geht auf den mittelalterlichen Volksglauben zurück, dass sich der Teufel auf den Menschen setzt (der in der Folge »besessen« ist), ihn gleich
einem Alb oder einer Trud reitet und ihm dadurch
körperliche und seelische Krankheiten oder zumindest schlimme Albträume einhaucht.

Schlimm geht es auch zu, wenn irgendwo **der Teufel
los** ist. Im Grunde ist damit gemeint, dass es wild, oft
laut hergeht, dass jegliche Ordnung durcheinander
kommt, und dass Strafen zu befürchten sind, weil
etwas schief gegangen ist. Wahrscheinlich geht diese
Redensart auf eine ganz explizite Bibelstelle zurück. In
der Offenbarung (20,2) heißt es: »Und er fasste den
Drachen, die alte Schlange, welcher ist der Teufel und
Satan, und fesselte ihn auf tausend Jahre; und warf
ihn in den Abgrund und verschloss und versiegelte
über ihm ...« Und weiter (20,7): »Und wenn die tausend Jahre vollendet sind, wird der Satan losgelassen
werden aus seinem Gefängnisse und er wird ausgehen
und verführen die Völker ...« In zahlreichen Sagen ist
diese Vorstellung vom gefesselten Unhold, der irgendwann einmal »los wird« übernommen und sie klingt
auch in der Wendung **auf Teufel komm raus** mit.
Wer etwas auf Teufel komm raus tut oder auf Teufel
komm raus lügt, der fürchtet keine Konsequenzen
und verschwendet keinen Gedanken daran, dass er
mit seiner übertriebenen, unbedachten oder unred-
lichen Handlungsweise dazu beitragen könnte, den
Teufel zu befreien und anzulocken, woraufhin er
selbst möglicherweise vom Teufel geritten wird.

Dann ist er **ein armer Teufel**. Diese Wendung scheint zunächst einmal unsinnig, da der Satan doch über große Macht verfügt. Doch ab dem 15. Jahrhundert wurde dem Teufel in den Fastnachtsspielen der Prozess gemacht, meist auf ziemlich derbe Weise. Zudem hatte das Volk im Teufel nicht nur das böse geistige Wesen, den Satan gesehen, sondern oft auch eine recht menschliche Erscheinung mit ebenso menschlichen Charakterzügen und Schwächen. Aus dieser Auffassung entwickelten sich zahlreiche Märchen und Schwänke, in denen der Teufel schlussendlich immer als der Geprellte und Verspottete dasteht.

Trotzdem ist es nicht angeraten, ihm allzu nah zu kommen. Damit er sich keinesfalls gerufen glaubt, wenn von ihm die Rede ist, wird der Böse mit allerlei anderen Namen belegt, vom Höllenfürsten über den Affen Gottes bis zum Gottseibeiuns reichen da die Bezeichnungen. Dementsprechend ist es kein Kompliment, wenn von jemandem behauptet wird, dass er **aussieht wie der Leibhaftige**. Herbeiholen kann man denselben aber nicht nur durch Worte und böse Taten. Deshalb soll man **den Teufel nicht an die Wand malen**, denn ein solches Bild, so der alte Volksglaube, sei schon der Teufel selbst. Wer also zum Beispiel über Dinge redet, die ein schlimmes Ende nehmen können, der beschwört das Unglück in Gestalt des Leibhaftigen herauf.

Wenn jemand versucht, ein Übel zu verhindern, dabei aber zu Mitteln greift, die ihn erst recht wieder in eine schlimme Lage versetzen, so sagt der Volksmund, dass er **den Teufel mit dem Beelzebub austreibt**, quasi vom Regen in die Traufe kommt. Der Beelzebub (auch Belzebub) hat mit einem Buben überhaupt nichts zu tun, sondern ist auf Hebräisch (ba'al-zebub) der »Herr der Fliegen« und ursprünglich Stadtgott von Ekron im Land der Philister – im Neuen Testament der Oberste der Dämonen. So lässt sich die Redensart auf etliche Bibelstellen zurückführen. Bei Matthäus heißt es, nachdem Jesus einen Mann geheilt hat, der vom Teufel besessen und blind und stumm war (12,24): »Da es aber die Pharisäer hörten, sprachen sie: Dieser treibt die Teufel nicht anders aus als durch Beelzebub, den Obersten der Teufel.«

Tröstlich ist nur eins: Der Teufel kann auch wieder vertrieben werden. Der Gegenstand der teuflischen Abscheu ist in einer häufig gebrauchten Redensart zu finden: Wenn jemand **etwas fürchtet wie der Teufel das Weihwasser**, so kann er mit einer bestimmten Sache oder durch das Auftauchen eines bestimmten Menschen mit Sicherheit in die Flucht geschlagen werden.

Wenn der Satan ein gefallener Engel ist, müsste er eigentlich ganz und gar ohne Verwandtschaft dastehen. Dennoch ist in manchen Wendungen von **des Teufels Großmutter** die Rede, zum Beispiel wenn es darum geht, ein bösartiges weibliches Wesen zu beschreiben; in abgeschwächter Form ist sie dann bloß **verwandt mit des Teufels Großmutter**. Zuweilen wird behauptet, die Teufelsoma sei niemand anderer als Lilith, nach kabbalistischer Vorstellung die erste Eva, die Gott nicht aus Adams Rippe, sondern aus einem Haufen Lehm geschaffen hatte. Sie verließ Adam und hauste mit den Dämonen in der Wüste, mit denen sie sich auch vermehrte. Warum der Teufel aber dann ihr Nachkomme sein sollte, ist nicht ganz schlüssig, denn schließlich hatte der Satan, noch ehe er in die Hölle gestürzt wurde, auf den Lehm gespuckt, aus dem Lilith entstand – wahrscheinlich der Grund für ihr ungehorsames Verhalten. Wie dem auch sei – am anschaulichsten wird die teuflische Ahnfrau als »Ellermutter« in Grimms Märchen »Der Teufel mit den drei goldenen Haaren« dargestellt. Allerdings ist sie dort alles andere als Furcht erregend oder gar dämonisch. Im Gegenteil. Sie hilft dem Glückskind, an die geforderten drei Haare zu kommen, indem sie selbst diese ihrem, nun ja, Enkel ausreißt, und ihm gleich noch die Antworten auf die drei Fragen entlockt, die das Glückskind schließlich reich machen. Nur ihre ruppige Art, den Teufel zu etwas mehr Achtsamkeit zu ermahnen, erinnert an das Gekeife einer bestimmten Sorte von Frauen: »… eben erst gekehrt und alles in Ordnung gebracht, nun wirfst du mirs wieder untereinander.«

Der Ort, den des Teufels Großmutter im Märchen so säuberlich kehrt, kommt verwunderlicherweise nicht in sehr vielen Redensarten vor. Am bekanntesten ist wohl die Drohung, jemandem **die Hölle heiß zu machen**, ihn also durch die Ankündigung von schlimmen Strafen anzutreiben und zu ängstigen. Das Bild ist klar: Der Ort der Verdammnis, wo die gefallenen Engel und die als Todsünder gestorbenen Menschen auf ewig bestraft werden, ist eine Folterkammer. In den buntesten Farben wurden die dort zu erleidenden Qualen seit jeher von den Geistlichen geschildert und von den Künstlern bildlich dargestellt. Es gibt aber noch eine andere Erklärung für diese Redewendung: In manchen Gegenden wird der Platz zwischen dem Ofen und der Wand als Hölle bezeichnet, und genau dort steht auch eine Bank, auf der es für gewöhnlich angenehm warm ist. Heizt man aber zuviel, macht man dem dort Sitzenden buchstäblich die Hölle heiß oder, in derselben Bedeutung, Feuer unterm Hintern.

Wo Gott wohnt

Ganz klar sind die Sprachwurzeln des Wortes Himmel nicht. Während die einen behaupten, das Wort sei mit »Hemd« im Sinne von »Hülle« oder »Decke« verwandt, meinen die anderen, es leite sich aus »Hammer« in der ursprünglichen Bedeutung von »Stein« her. In beiden Wurzeln steckt aber dasselbe Bild: der Himmel als (steinernes) Gewölbe, als Zeltdach oder Mantel Gottes, der sich schützend über die Welt breitet und an dem die Sternlein und ebenso die dunklen Wolken hängen. Auch wenn wir heute wissen, dass das, was uns als Himmel erscheint, nicht wie eine Käseglocke über die Erde gestülpt ist, und wenn nach katholischer Glaubenslehre der Himmel eher ein Zustand übernatürlicher und ewiger Beglückung ist als ein Ort außerhalb der Welt, so blieb doch das Bild vom über uns hängenden Himmel, in dem Gott wohnt, in etlichen Redensarten erhalten.

Schon die Römer machten sich Sorgen darüber, dass ihnen der Himmel auf den Kopf fallen könnte: Quid, si nunc coelum ruat? »Was, wenn jetzt der Himmel einstürzt?«, fragten sie sich. Eine Befürchtung, die selbst dem Dichterfürsten noch Kopfzerbrechen bereitete: »... und fällt der Himmel ein, kommt doch eine Lerche davon«, schrieb Goethe 1810. Im Wienerischen hat sich hingegen eine Wendung entwickelt, der eine ganz andere Geisteshaltung zu Grunde zu liegen scheint: **Es gibt immer was, was den Himmel hält**, sagen die Wiener, drücken damit aber nicht ihre Erleichterung über eine gebannte Gefahr des Himmeleinstürzens aus, sondern vielmehr ihre Enttäuschung – denn der Spruch wird immer dann zum Besten gegeben, wenn wieder einmal irgendein Ereignis, sei es eine Krankheit, eine zu begleichende hohe Rechnung oder auch nur das nahe Eintreffen der Schwiegermutter den Zustand des Glücks trübt. Wahrscheinlich lautete die Redensart ursprünglich, dass es immer etwas gebe, was den Himmel fern hält, denn schließlich ist der Himmel ein anzustrebender Aufenthaltsort.

So geht es einem, der bildlich gesprochen **im Himmel ist** oder auch **im Elysium** – in der griechischen Mythologie ein Glücksgefilde am westlichen Rand der

Erde, wohin nur ganz besondere Helden gelangen können –, schon ziemlich gut. Eine Steigerung davon ist, **im siebenten Himmel** zu sein, wozu aber eine ordentliche Portion Verliebtheit vonnöten ist, wenngleich der siebente Himmel als der oberste, eigentlich als Aufenthaltsort Gottes gilt. Schließlich war die Sieben seit alters die heilige Zahl schlechthin, schon die Babylonier unterteilten den Himmel in sieben Zonen. Dort oben **hängt der Himmel voller Geigen**, als Zeichen dafür, dass die Himmlischen Heerscharen, wie auf zahlreichen Gemälden festgehalten, die Ewigkeit mit der Produktion wohltönender Klänge verbringen, was zum Glück desjenigen beiträgt, der sich im Himmel befindet. Wenn jemand hingegen **die Englein singen hört**, ist er in einem weniger glückseligen Zustand: Meist hat er sich dann den Kopf angeschlagen oder verspürt sonst arge Schmerzen, allerdings doch nicht so arg, als dass sich gleich der Himmel auftäte, um ihn aufzunehmen.

Behauptet einer von sich (oder wird von ihm behauptet), er habe **den Himmel auf Erden**, so mangelt ihm an nichts. Meist schwingt in dieser Redensart mit, dass sich so einer diesen paradiesischen Zustand nicht selbst geschaffen habe; vielmehr haben andere, die Ehepartner oder die Eltern, einen gewichtigen Anteil daran. Offenbar war der englische Dichter John Milton der Erste, der in seinem um die Mitte des 17. Jahrhunderts entstandenen zwölfbändigen Epos »Das verlorene Paradies« diese Wendung gebraucht hat. Weniger Glück schwingt mit, wenn es von jemandem heißt, **er ist auf der Himmelalm**, denn das ist eine vor allem in ländlichen Gebieten gebrauchte Umschreibung für einen kürzlich Verstorbenen. Der kann sich auch **auf dem Gottesacker** befinden, einem Synonym für Friedhof, zumal der Begräbnisplatz ursprünglich im Gegensatz zum Kirchhof in den Feldern außerhalb des besiedelten Gebiets lag.

Manch einem wird nachgesagt, dass er **das Blaue vom Himmel herunterlügt**. Auch in dieser Redensart, die einen notorischen Schwindler und Aufschneider charakterisiert, steckt noch die Vorstellung, die Farbe des Himmelsmantels könne irgendwie abgekratzt werden. Dass gerade die blaue Farbe vom Himmel »heruntergelogen« werden kann, ist in doppeltem Sinn von Bedeutung: Erstens herrschte lange Zeit die Annahme, sämtliche Gestirne und Wolken seien am »Himmelsblau« befestigt – durch ein Verschwinden des Blau würde also die ganze Pracht zunichte gemacht. Zweitens war die Farbe Blau im Spätmittelalter die Farbe der Täuschung, des Betrugs und der Lüge.

Wer **Himmel und Erde in Bewegung setzt**, der lässt nichts unversucht, um eine Sache zu einem für ihn positiven Ende zu bringen. Hinter diesem Spruch steht ein Bibelzitat: Bei Isaias steht in der Weissagung über Babel (13,13): »Dazu will ich den Himmel bewegen, und die Erde von ihrer Stätte verrücken, weil der Herr der Heerscharen grollet, und der Tag seines grimmigen Zornes gekommen ist.« In abgewandelter Form kommt diese Redensart im Deutschen genauso wie im Englischen und Französischen vor: **Himmel und Hölle in Bewegung setzen** – allerdings ohne einschlägige Bibelstelle.

Auch in Ausdrücken der Verwunderung oder des Erstaunens muss der Himmel oft herhalten, wie in **du lieber Himmel!** oder **um Himmels willen**, wo, wie Sprachforscher vermuten, das Wort verhüllend für den Allmächtigen gebraucht wird. Schimpftiraden und Flüche sind ebenso voll des Himmels, zuweilen in religiös anmutender Kombination wie **Himmelsakra!** oder **Himmelkreuz eine nochamal!**, oder in unsinniger und jedenfalls unheiliger Allianz wie in **Himmel, Arsch und Zwirn!**. Wenn jemand gar keine Ahnung hat, was er tut, sich rüpelhaft daneben benimmt und keinerlei Respekt vor der Autorität hat, dann allerdings, so will es der Volksmund, muss man ihm **zeigen, wo Gott wohnt**.

Ein guter Mann

Ursprünglich war das germanische Wort guda, aus dem sich die Bezeichnung »Gott« ableitet, sächlichen Geschlechts. Heute ist der »liebe Gott« in den Darstellungen und Vorstellungen meist ein betagter Mann mit Rauschebart und wallendem Haar. Da sich die Bezeichnung wahrscheinlich aus der Wurzel ghau (anrufen) entwickelt hat, wird Gott also als das durch diverse Zauberformeln angerufene Wesen verstanden. So wird der Allmächtige auch heute noch längst nicht nur im Gebet beschworen. **Helf dir Gott!** oder **helf Gott!** ist ein gängiger Ausruf, wenn jemand niest, was sich aus der alten Vorstellung erklärt, beim Niesen fahre ein Teil der Seele aus dem Menschen heraus, weshalb Gottes Beistand vonnöten ist. Allerdings darf der Name Gottes im strengen Sinn ja nicht »vergeblich geführt« werden, weshalb er im Volksmund durch allerlei ähnlich klingende Bezeichnungen ersetzt wurde, wie etwa »Potz« in **Potzblitz** (siehe Kapitel »Mit Pulver und Blei«, Seite 131 ff.) oder auch »Box«.

Möglicherweise ist dieser Umstand die Erklärung für eine häufig gebrauchte Redensart, deren Sinn den meisten Menschen Rätsel aufgibt. »So leicht lass ich mich nicht **ins Bockshorn jagen**« sagt man, wenn man sich nicht einschüchtern oder in die Enge treiben lassen will. Generationen von Sprachforschern haben sich bemüht, die Herkunft des Bockshorns zu ergründen. Mit den unterschiedlichsten Resultaten: So heißt es, es sei eben eine Pein, wenn man in die Nähe der übel riechenden Früchte des Bockshornklees, der Bockshörndln, getrieben werde. Ebenso wurde als Ursprung die Tatsache angenommen, dass in der Schweiz der Teig für Gebäck oder die Grundmasse für Würste vor dem Garen in Hörner gepresst wurde. Auch wurde auf einen mittelalterlichen Gelehrten namens Markus Zubrius Boxhorn verwiesen, einen unangenehmen Gesellen, der seine Schüler oft drangsalierte. Doch am schlüssigsten scheint die Erläuterung, dass sich hinter dem Bockshorn nichts anderes als eine Verballhornung von »Gottes Zorn« verbirgt, zumal in der Literatur des 16. Jahrhunderts Flüche wie »Boxhorn soll dich schänden« auftauchen.

Eine Verballhornung scheint auch bei dem Ausdruck **so Gottichkeit** oder **so Gottakeit** mitgespielt zu haben, der oft in die Alltagssprache eingeflochten wird, meist im Zusammenhang mit einer gewissen Unsicherheit, Scheu oder Ergebenheit, oder im Sinne von »als ob« verwendet, etwa bei »Er schaut mich an – so Gottichkeit: willst mir jetzt net helfen?«. Diese Formel wird entweder aus dem lateinischen quod dicat (wie er es sagt) hergeleitet, oder im zweiten Teil aus dem altgermanischen Wort quedan für »sprechen«, das in der dritten Person Einzahl keid lautet. Möglich ist allerdings auch, dass die Wurzel einfach »Gottes Barmherzigkeit« ist, die über die Jahre und Jahrhunderte zu Gottichkeit zusammengezogen wurde.

Wer in Saus und Braus, ganz ohne Sorgen und Plagen lebt, der lebt **wie Gott in Frankreich**, eine Wendung, die auf den ersten Blick ebenfalls nicht ganz schlüssig ist, zumal nichts von einem Aufenthalt Gottes in Frankreich überliefert ist. Der sinnreiche Ausspruch wird einerseits Kaiser Maximilian I. zugeschrieben, ist allerdings als direktes Zitat nirgendwo zu finden, sondern nur als glaubhaft klingende Anekdote. Der römisch-deutsche Kaiser blickte ja zuweilen neidvoll auf den gottähnlichen Zustand des französischen Königs, wenngleich es ihm selbst nicht an Macht mangelte. Eine andere Erläuterung bezieht sich auf die

Gott, die Welt messend

kurze Zeitspanne fast dreihundert Jahre später, da während der Schreckensherrschaft Robespierres infolge der Französischen Revolution der Kult der Vernunft eingeführt und Gott sozusagen abgeschafft wurde. An seine Stelle trat die Freiheit, dargestellt von

91

einer Tänzerin der Pariser Oper, die, leicht geschürzt, auf dem Altar der Notre Dame thronte. Während dieser Zeit von 1792 bis 1794 heißt es, habe Gott in Frankreich nichts zu tun gehabt, also ein geruhsames Leben geführt – was man vom damaligen Klerus hingegen nicht behaupten kann.

Ähnlich sorgenfrei wie Gott in Frankreich lebt, wer **den lieben Gott einen guten Mann sein lässt** – denn offenbar braucht er den Allmächtigen oder dessen Zorn nicht zu fürchten, weil er ihm in allen seinen guten Taten die Ehre erweist. Und schließlich heißt es im Volksmund, **wer auf Gott vertraut, der braucht ka Kraut**, eine Redensart, die auf die Vorratshaltung in der Winterzeit zurückzuführen sein mag. Vor der Einführung von Kühlhäusern waren saftige Kraut- beziehungsweise Kohlköpfe hauptsächlich als Sauerkraut haltbar zu machen, da sie in dumpfigen Kellern allzu leicht schimmelten. Die Herstellung von Sauerkraut ist aber ein langwieriges Unterfangen, denn die Kohlköpfe müssen erst einmal in dünne Streifen gehobelt und dann mit entsprechenden Zutaten der milchsauren Gärung überlassen werden. Eine andere Erklärung ist freilich die, dass Kohl – also Kraut – schon bei den Griechen und Römern als äußerst gesundes Gemüse, zuweilen als Allheilmittel gegen jedwede Gebrechen gelobt wurde, auf das man eben nur mit entsprechendem Gottvertrauen verzichten kann.

Kirchen, Kreuze und das Gloria

»Ehre sei Gott in der Höhe« beginnt der seit dem 5. Jahrhundert in der lateinischen Messliturgie der Festtage enthaltene Lobgesang auf Gott, der nach dem lateinischen Anfang (»Gloria in excelsis Deo«) allgemein als »das Gloria« bekannt ist. Wer von sich behauptet, zu **wissen, was das Gloria Wind braucht**, dem kann man so leicht nichts vormachen, der weiß, was er tut und wo es langgeht, und mag sich auch nichts dreinreden lassen. Diese hauptsächlich in ländlichen Gebieten gebräuchliche und heute nur mehr selten gehörte Redensart geht darauf zurück, dass vor den Zeiten der elektrisch angetriebenen Windturbine der Bälgetreter der Orgel seine Tritte genauestens zu dosieren hatte, damit das hoch ausgebildete Blasinstrument entsprechend voll und jubilierend tönte. Lob kann derjenige einheimsen, der eine Tat **mit Glanz und Gloria** meistert, wenngleich diese aus dem 19. Jahrhundert stammende Wendung mit der Lobpreisung Gottes weniger zu tun hat als mit dem Umstand, dass viele Redensarten durch die so genannte Alliteration, den Stabreim, eine bildhafte Verstärkung erfahren.

Eine ähnliche Verstärkung, wenn auch nicht im Sinne der Alliteration, sondern in der Wiederholung gleicher Bedeutungen, schwingt in dem Ausruf **bei dem ist Tauf und Chrisam verloren** mit – der Beschreibung eines meist unsittlichen Menschen, der sich trotz aller Warnungen nicht bekehren lässt. Die Taufe allein würde schon ausreichen, um seine Sünden zu tilgen, zumal das Chrisam das liturgische Salböl ist, das bei der Taufe ebenso wie bei der Firmung verwendet wird.

Mit der Kirche ums Kreuz gehen sagt man, wenn etwas umständlich angepackt wird oder wenn man einen Umweg macht. In dieser Redensart wird das (umgekehrte) Bild einer Prozession heraufbeschworen, in der die Gemeinschaft der Gläubigen mit dem Allerheiligsten oder mit dem Kreuz auf einem langen Weg von der Kirche weg- und schließlich wieder in die Kirche zurückgeht. In abgewandelter Form heißt es auch, **mit der Kirche ums Dorf gehen**, was dieselbe Bedeutung hat, statt Kirche aber eher die Kirchengemeinde meint. Wer sich in seiner Arbeit oder in einer Diskussion allzu weit von den Gegebenheiten entfernt, wer sich gar anschickt, das Pulver neu zu erfinden, der wird aufgefordert, **die Kirche im Dorf zu lassen**, sich an das zu halten, was Sache ist, schließlich steht die Kirche mitten im Dorf, daran ist nicht zu rütteln.

Wer **sein Kreuz trägt** oder **auf sich nimmt**, der fügt sich seinem Schicksal, in diesem Fall ein schlimmes, da das aus dem lateinischen crux entlehnte deutsche Wort Kreuz mit den Jahrhunderten zusätzlich die Bedeutung von »Leiden« angenommen hat. Am Anfang stand das Bibelwort (Matthäus 10,38): »Und wer sein Kreuz nicht auf sich nimmt und mir nachfolgt, ist meiner nicht wert.« Desgleichen soll als Trost gemeint sein: **jeder trägt sein Kreuz**, wenn einer sich gar zu arg beklagt. **Zu Kreuze kriechen** hingegen muss jemand, der klein beigeben und sich sogar von einem anderen demütigen lassen muss. Die Stellen in der Literatur, in denen diese Wendung gebraucht wird, sind zahlreich, am berühmtesten ist wohl die von Luther: »Zu Augsburg musste ich mich demütigen, da meinte der Kardinal, ich kröche zu Kreuze, und rief schon Triumph.« Freilich ist diese Redensart heute nur mehr im übertragenen Sinn gemeint, denn die Zeiten, in denen die Büßenden am Gründonnerstag und am Karfreitag auf den Knien zum Kruzifix rutschen mussten, sind vorbei.

Sich **Asche aufs Haupt zu streuen** ist heute allerhöchstens noch in manchen Gemeinden am Aschermittwoch üblich, die Redensart hat sich dennoch im Sinn von etwas bereuen oder um etwas trauern erhalten. Das Bild stammt ebenso wie in der Wendung in **Sack und Asche gehen** von einem alten Trauerbrauch, da die Asche seit alters als Zeichen für Vergänglichkeit, aber auch als reinigend gilt. Überdies ist in der Bibel an mehreren Stellen davon die Rede, dass gleichzeitig mit dem Bestreuen des Scheitels mit Asche ein Bußgewand oder ein Lager aus grobem Tuch, eben aus Sack, zu benutzen sei.

Aus ganz anderem Stoff, aber nicht weniger religiösen Ursprungs ist das **Hungertuch, an dem man nagt**, wenn man nichts zu beißen hat und in echter Not ist. Als Hungertuch bezeichnete man den seit dem frühen Mittelalter gebräuchlichen Vorhang, der, oft reich mit

Passionsszenen bestickt oder bemalt, während der Fastenzeit den Hauptaltar der Kirche verhüllte und erst am Aschermittwoch wieder herabgelassen wurde. Sinn war, dass die Sündigen die Heiligen nicht sehen konnten und sich so auf die Leiden Christi konzentrierten. Das Nähen solch riesiger Tücher war entsprechend aufwändig. Obwohl es noch etliche erhaltene Hungertücher gibt, verlor sich der Brauch immer mehr, und so entwickelte sich mit der Zeit aus der Tätigkeit des »am Hungertuch Nähens« das »Nagen« an demselben, da keiner mehr verstand, worum es eigentlich ging. In manchen Gebieten wurde das Hungertuch auch »Schmachtlappen« oder **Schmacht-fetzen** genannt, zumal die Kirchengemeinde während der Fastenzeit ja tatsächlich schmachtete, also hungerte. Dieser Ausdruck ist heute noch gebräuchlich, allerdings in einem ganz anderen Sinn: Er bezeichnet kitschige Liebeslieder.

Wenn **der Haussegen schief hängt**, so heißt das, dass es Unmut, Unfrieden und schlechte Stimmung in einer Familie gibt, dass Zank und Hader regieren. Damit ist nicht die Weihe eines Hauses gemeint, die dann irgendwie ins Ungleichgewicht kommt, sondern die Devotionalien und geistlichen Bilderbogen, die bei Kirchenfesten feilgeboten und an Türen und Wände geheftet, meist aber im Herrgottswinkel aufbewahrt wurden. Diese Abfolgen von Bildern stellten Heiligen- oder Apostelgeschichten dar und waren mit kurzen, gereimten Texten zur Erbauung versehen. Dass mit diesen kleinen Kostbarkeiten stets achtsam umgegangen wurde, versteht sich von selbst. Schief konnten sie eigentlich nur hängen, wenn im Haus die Fetzen flogen.

Opium fürs Volk

Weiter im Text heißt es überall da, wo jemand den Faden verloren hat oder vom Hundersten ins Tausendste kommt. Auch diese gebräuchliche Redensart findet wahrscheinlich ihre Wurzeln in der Religion, genauer gesagt, bei den Predigern, die bei der Auslegung des Bibeltexts schon mal abschweifen, **aus dem Text kommen** konnten.

Aus der Bibel stammen zahlreiche weitere Redensarten und gebräuchliche Wendungen, die alle aufzuzählen den Rahmen dieses Buches sprengen würde. Der Anlass für Streitereien und Zwistigkeiten wird oft als **Stein des Anstoßes** bezeichnet. Bei Isaias (8,13) heißt es: »Den Herrn der Heerscharen, den haltet heilig. Er sei eure Furcht, und Er sei euer Schrecken. Dann wird Er euch zur Heiligung sein. Aber den beiden Häusern Israels zum Stein des Anstoßes und zum Fels des Ärgernisses.« Auch hinter der Drohung **es wird kein Stein auf dem anderen bleiben** verbirgt sich eine Bibelstelle: Nachdem Jesus sein Weh über die Schriftgelehrten und Pharisäer gesprochen hat, tritt er aus dem Tempel und prophezeit seinen Jüngern, dass »kein Stein auf dem anderen gelassen (…), der nicht zerstört wird« (Matthäus 24,2). Und wenn man sagt, man habe jemanden **zum Tempel hinausgeworfen,** nämlich weggejagt, so erinnert diese Ausdrucksweise an Jesus, der die Händler und Wechsler aus dem Tempel vertreibt, weil sie aus seinem Haus eine Räuberhöhle gemacht haben (Matthäus 21,12). Die **Zeichen der Zeit,** die man nicht nur sieht, sondern auch entsprechend weise deutet, sind biblischen Ursprungs. Als die Pharisäer Jesus auffordern, sie ein Wunderzeichen vom Himmel sehen zu lassen, weist er sie darauf hin, dass sie zwar das Wetter aus den Farben des Himmels vorhersagen können, »aber in die Zeichen der Zeit könnet ihr euch nicht finden?« (Matthäus 16,4).

Die Zeichen der Zeit deutete Karl Marx so, dass er Religion in seiner Abhandlung »Zur Kritik der Hegelschen Rechtsphilosophie« als **Opium des Volkes** bezeichnete, als »Seufzer der bedrängten Kreatur«, also als letztes Zufluchtsmittel eines ausgebeuteten Volks, das sich mit dieser Droge einen Rest Hoffnung vorspiegelte. Doch mit der Zeit wurde aus dem Marxschen Spruch die missverständliche Redensart »Religion ist Opium für das Volk«, in der mitschwingt, dass diese Droge dem Volk von jemand anderem, wahrscheinlich den Oberen, verabreicht werde. Etwas später meinte Friedrich Nietzsche sowieso: **Gott ist tot.** Aber wie stand es in den Graffitis der siebziger Jahre zu lesen?

Gott ist tot.
Nietzsche
Nietzsche ist tot.
Gott

Deutsche Worte

In mein Haus, da hat's mi wirkli mit die
Nachbarsleut' beim Frack,
links neb'n mir loschier'n zwa Stockböhm,
rechts neb'n meiner a Slovak.
Oben wohnt a Italiener,
z'eb'ner Erd drei Magyar'n
und im Keller a Kroatin,
denken'S da mein Stand, mein schwar'n.
Einzig nur wann ich in Hof schau,
ruf ich öfters hoch erfreut:
deutsche Worte hör' ich wieder,
weil a Jud' unt' »handle« schreit!

Aus dem Wienerlied »Deutsche Worte«,
Text von Bartl und Fritz

Vom Jüdischen und Jiddischen in der bodenständigen Redensart

Das zu Ende des 19. Jahrhunderts entstandene Wienerlied »Deutsche Worte« der beiden Wiener Volkssänger Bartl und Fritz beschreibt sehr realistisch, wenn auch spöttisch, den großen Schmelztiegel der Habsburgischen Donaumetropole. Und dass hier gerade der »Handelsjude« als Vertreter des Deutschtums bezeichnet wird, ist, wenngleich es fast bösartig klingt, so falsch nicht. Die Juden Mitteleuropas sprachen seit dem Hochmittelalter das so genannte Jiddisch. Eine Sprache, die oft fälschlicherweise als Dialekt bezeichnet wird. Doch sie ist im Gegenteil geradezu eine Hochsprache, denn sie stützt sich unmittelbar aufs Mittelhochdeutsche. Selbstverständlich wurde das Jiddische über die Jahrhunderte von den Juden, die durch die mittelalterlichen Verfolgungen zuerst nach dem Osten vertrieben wurden, mit vielen Begriffen und Worten aus dem Polnischen und Russischen und naturgemäß des Hebräischen, der liturgischen Gebetssprache, angereichert. Da die Zunftordnung der Städte die Juden als Handwerker ausschloss, wurden sie Kaufleute und weit reisende Händler. Ihre Sprache, ihre kaufmännischen Begriffe reisten und wanderten mit ihnen. Sie wurden von den nicht jüdischen Geschäftspartnern fast automatisch übernommen; und oft genug so verändert, dass man sie als solches heute nicht mehr erkennt. Dazu ein deutliches Beispiel:

In Wien und »Umgebung«, also im ganzen süddeutschen Raum, hat sich in den letzten hundert Jahren zu Silvester eine Gruß- und Wunschformel verbreitet und volkstümlich durchgesetzt – zwischen Freunden und Verwandten genauso wie zwischen Menschen, die einander in Geschäften und auf der Straße nur flüchtig begegnen: **Einen guten Rutsch!** ruft man sich zu. Was im allgemeinen Verständnis bedeuten soll, dass man in der alkoholträchtigen Silvesternacht bei Hauspartys, Straßenfeiern oder dem Tumult auf dem Wiener Stephansplatz, bei Feuerwerk, dem Läuten der Pummerin und dem unverzichtbaren Erklingen des Donauwalzers eben gut vom alten ins neue Jahr wechseln möge. Warum der Begriff »rutschen« damit verbunden ist, bleibt im ersten Moment sprachlich unverständlich. Rutschen, also Ausgleiten oder Schlittern ist nicht gerade eine sichere oder angenehme Fortbewegungsart. Rutschen bedeutet im weitesten Sinne hinstürzen und ist mit dem Warnschild »Rutschgefahr«, das Putzfrauen in öffentlichen Gebäuden beim Bodenaufwischen vorschriftsmäßig aufstellen, nicht gerade positiv besetzt. Es gibt auch kein Silvester-Brauchtum, das ähnlich dem »Fasslrutschen« zum Fest des heiligen Leopold am 15. November im Hintergrund stünde. Beim Fasslrutschen in der näheren Umgebung Wiens handelt es sich ja auch nicht um mehr als ein symbolisches »Fassreiten«, an dem die lustigen Zecher ihr Vergnügen finden und dessen ritueller Boden irgendwo weit in der germanischen oder keltischen Vergangenheit liegt. Nein, es gibt keinen Grund, ins neue Jahr rutschen zu sollen oder zu wollen. Abgesehen davon, dass in unseren Breiten eben Winterszeit herrscht und mögliche Schneeglätte oder Glatteis zum Problem wird. Je mehr man den «guten Rutsch» im Zusammenhang mit dem Neujahr untersucht, hinterfragt und überprüft, desto unsinniger wird dieser fröhliche Gruß. Was selbstverständlich niemanden stört und auch keinem auffällt. Es hat sich halt so eingebürgert.

Tatsächlich ist der »Rutsch« hebräischen Ursprungs. Das jüdische Neujahrsfest, meist im September oder Oktober des christlichen Kalenders, heißt Rosch Ha-Schana. Seit der Regierung Josephs II. und dem Toleranzpatent hatte Wien eine hoch angesehene jüdische Patrizierschicht, deren wirtschaftliches und kulturelles Wirken vielfältigste positive Einflüsse ausgelöst hat. In der zweiten Hälfte des 19. Jahrhunderts zogen aus dem Osten ganze Einwanderungsströme jüdischer Menschen nach Wien und Österreich, denn damals erlebten die grausamen Pogrome und Verfolgungen in Polen und Russland einen ersten schrecklichen Höhepunkt. Diese meist armen »Kaftanjuden« wurden in Wien, wo immer ein gerütteltes Maß an latentem und renitentem Antisemitismus gelebt wurde, ebenfalls angefeindet. Selbst die großbürgerliche jüdische Gesellschaft mochte die arme Verwandtschaft aus den stetteln des Ostens nicht. Trotzdem erwiesen sich diese Einwanderer als bevölkerungspolitischer Reichtum, denn schon die nächste Generation, die Söhne und Töchter dieser Kleinhändler, bildeten dank ihres

»Handelsjuden in Wien«, kolorierter Kupferstich
von Georg Emanuel Opitz

besonderen Fleißes und ihrer außergewöhnlich hohen Intelligenz die Ärzte, Rechtsanwälte, Architekten, Wissenschaftler, Schriftsteller, Musiker und Künstler des fin de siècle – der Hochblüte der ausgehenden Monarchie.

Vor dem jüdischen Neujahrsfest wünschten sich die jüdischen Menschen per Zuruf »Ejn guten Rosch!«. Vor dem Neujahr im christlichen Kalender taten dies aus Tradition die jüdischen Bürger der Oberschicht ebenso. Die Wienerinnen und Wiener hörten diesen

Neujahrswunsch daher verhältnismäßig oft und in allen gesellschaftlichen Schichten. Mit dem hebräischen Rosch konnten sie sprachlich nichts anfangen, obwohl sie schon wussten, dass es um das Neujahrsfest ging. Also wurde mit der Zeit im Wiener Volksmund durch Verballhornung aus dem Rosch ein Rutsch. Und schon hatte die Phrase zumindest irgendeine sinnhafte Bedeutung bekommen und ging daher bereits in der Monarchie ins Volk über.

Auf der Suche nach den verlorenen Wurzeln

Die schreckliche Zäsur des Dritten Reichs, die Vertreibung und Vernichtung fast aller jüdischer Menschen aus dem europäischen Leben und somit auch aus den Städten Österreichs, konnte die erfolgte Einbürgerung hebräischer und jiddischer Redewendungen und Begriffe jedoch nicht ganz ausradieren. Zwar sind bei fast allen Menschen die Wurzeln, der kulturelle Hintergrund dieser Redewendungen, in Vergessenheit geraten, aber die jüdische Kultur lebt in der österreichischen und süddeutschen Volkssprache zu deren Bereicherung munter fort.

Das meist verwendete Beispiel ist der **Haberer**, auch **Hawara**. Ein Haberer ist ein Freund, eigentlich mehr als das. Das Wort bedeutet auch eine soziale Gleichstellung und gipfelt in der in der Politik manchmal ernsthaft, manchmal spöttisch verwendeten Rede von »den Bluathaberern«. Nun, der Haberer wurzelt im Hebräischen chawer, was soviel wie Freund, Genosse oder Bruder im allgemeinsten Sinne bedeutet. Chawerim war die biblische Anrede zwischen den so genannten Pharisäern, den Volksfrommen, zu denen auch die Apostelgemeinde des Jesus von Nazareth zählte. Chawerim sagte der Messias, wenn er seine Jünger ansprach. Dementsprechend hat der Schriftsteller Wolfgang Teuschl seine berühmte Übersetzung des Evangeliums ins Wienerische »Der Jesus und seine Haberer« betitelt.

Die Wurzeln und der Weg zum Wiener Haberer sind also alt und lang. Allerdings macht sich hier der Einfluss des hochmittelalterlichen Rotwelsch bemerkbar. Diese Geheimsprache der Vaganten, des fahrenden Volks, setzte sich aus vielen Worten und Begriffen mehrerer Sprachen zusammen. Das Hebräische, aber auch das aus dem Mittelhochdeutschen stammende Jiddisch war im Rotwelsch besonders stark vertreten. Daher war schon im Mittelalter das Wort chawer ein Vagantenwort für Bruder, Kumpel, Leidensgenosse. So kam der Haberer bereits früh in die Wiener Mundart. Er war also schon da, bevor die jüdischen Einwanderungswellen aus dem Osten kamen.

Die **Bluathaberer** sind eine besonders pikante Mischung. Selbstverständlich hat das Wort die Bedeutung von »Blutsbrüdern«, »Schicksalsgenossen« mit besonders enger Bindung. Die Blutsbrüder stammen allerdings, was ihre Popularität betrifft, aus den Superbestsellern des 19. Jahrhunderts, aus den Indianerro-

manen des sächsischen Exkriminellen und Erfolgs-
dichters Karl May. Also ausgerechnet aus der Feder
eines Mannes, der sich als Deutschnationaler und Antisemit wohl am wenigsten anbietet, mit hebräischen
Silben verschmolzen zu werden. Aber diese Pikanterie
im literarischen und politischen Sinne hat in Wien
selbstverständlich noch nie jemanden gestört.

Die Weisheiten des Lebens

A Masl sollst haben! sagt man, oder dass man **a Masn**
gehabt hätte. Masl ist das jiddische Wort für Glück, es
geht auf das hebräische Wort masol für Stern und
Schicksal zurück. **Schlamassl** ist das Wort für Unglück. Im Jiddischen hieß es aber ursprünglich schli-
masl, denn es verband das Masl mit dem deutschen
Wort schlimm. Zum Schlamassel wurde es sprachlich
erst später. In ein Schlamassel geraten zu sein ist noch
immer eine gängige Rede, die jeder im Zusammenhang mit Pech und Schwierigkeiten kennt.

Eine **Mezie** weiß ebenfalls fast jeder noch richtig
zu deuten. Der Ausdruck beschreibt alles zwischen
einem günstigen Gelegenheitskauf oder einem safti-
gen Gewinn bei einer finanziellen Transaktion. Erst
die über das Fernsehen einsickernde deutsche Sprach-
kultur beginnt die wienerische Mezie langsam zu verdrängen. Bei Sommer- oder Winterschlussverkäufen
sprechen junge Menschen bereits eher von »Schnäpp-
chen« oder der »Schnäppchenjagd«. Die gute alte

Mezie wird sich aber sicher noch einige Zeit halten können. Kaufmännisch gesehen spricht man von einem **Rebbach**, wenn man den Nettogewinn meint. Das jiddische rejbach steht hier fast gleichklangig im Hintergrund Pate.

Ein **Tinnef** – jiddisch tinojfes – ist wertloses Zeug, Plunder. Ein **Ezzes** ein guter Rat, ein wertvoller Hinweis. Wobei besonders die Wiener Letzteres immer falsch verwenden. Denn ezzes ist die Mehrzahl von ejze, dem Ratschlag. Ältere Semester wienerischer Herkunft waren da sprachlich noch genauer, sie forderten von ihren Mitmenschen **an guaten Ez**. Eine besonders hohe Affinität haben die Wiener selbstverständlich zu Redensarten, die die Zitierten weniger sympathisch, aber mehr pragmatisch erscheinen lassen. **Wenn man dir gibt, nimm! Wenn man dir nimmt, schrei!** Ob diese Alltagsweisheiten, dieser simple Moralkodex wirklich auf jüdische Weisheit zurückgeht, kann diskutiert werden.

Jedenfalls können zwei andere alte wienerische Redewendungen sehr wohl als Lebensweisheiten betrachtet werden, wenngleich ihre Herkunft schon von der Satzstellung her eindeutig auf jüdische Herkunft schließen lassen. Da ist einmal die Redewendung, dass **Serkl nicht käuflich ist**. Abgesehen von der Herkunft bleibt in dieser Phrase sogar das Geschlecht von »Serkl« noch unklar, so lange man nicht die zweite damit verbundene Redewendung heranzieht. Die heißt: **Der Serkl, der zu spät kommt, den soll**

der Schlag treffen! Nur sehr alte Leute mit gutem Er-
innerungsvermögen können sich noch dieser Redensarten und deren Bedeutung entsinnen. Der Serkl hat
offensichtlich den Charakter von Grips, Intelligenz,
Schlauheit oder Pfiffigkeit. Und Intelligenz, darauf
deutet die Redewendung hin, sei eben nicht käuflich – auch wenn einfältige Menschen oder dümmliche Kinder ganz gerne mit dem bösen Scherz **um
fünf Deka Hirn zum Greißler** geschickt wurden. Die
zweite Redensart vom Serkl, nämlich dem zu spät
kommenden, richtete sich aggressiv und zornig gegen
jeden typischen Besserwisser. Also jene beliebten Zeitgenossen, die immer hinterher genau wussten und
wissen, wie das Malheur, das Schlamassl zu verhindern gewesen wäre. Der Serkl, den der Schlag treffen
solle, ist hier offensichtlich sowohl der Ratgeber als
auch der Rat an sich gewesen. Darüber hinaus sagte
man in alten Zeiten auch, dass der oder die **völlig
serkelstaad** sei. Staad ist süddeutsche Mundart für
still und schweigsam und **serkelstaad** beschreibt offensichtlich einen Menschen, der rat- und hilflos ist.
Oder einen dummen Menschen, dem es überhaupt
an Hirn fehlt. Der wienerische Serkl ist wiederum im
Jiddischen zu finden: Sejchl bedeutet Verstand und
Sinn. Im Nachsprechen der jüdischen Phrasen haben
die angeblich so »waachen«, also weichen Wiener das
jiddische Wort artikulationsmäßig verhärtet. Sosehr
viele jüdische Redewendungen, Begriffe und Vokabeln trotzdem bis heute überlebt haben, so sind
gerade die letzten beiden Beispiele so gut wie ausgestorben. Nur mehr bei Veteranen des Viehhandels

konnten diese Redensarten erlauscht werden, aus dem breiten Volksmund sind sie seit den Tagen der Monarchie offensichtlich verschwunden.

So gut wie gänzlich vergessen ist eine schon vom Inhalt her genuin-jüdische Redensart, die im 19. Jahrhundert besonders im Bürgertum weit verbreitet war. **Los Schabbes sejn!** sagte man gerne, wenn zum Beispiel ein jugendlicher Feuerkopf mit seinen Ideen wieder einmal die Welt von Grund auf revolutionieren wollte. Um aber zu verstehen, wie der jüdische Schabbes, der geheiligte Samstag, hier sinnhaft zu denken ist, muss man eine chassidische Anekdote kennen, eine lehrhafte Parabel, wie sie das fromme Judentum schon im 17. oder 18. Jahrhundert aus dem Osten mitgebracht hat. In der geht es, kurz gefasst, um Folgendes:

Ein frommer und sehr reicher Kaufmann hat eine schöne Tochter, die alt genug geworden ist, um verheiratet zu werden. Weil er sie von Herzen liebt, schlägt der Kaufmann seiner Tochter eine außergewöhnliche Vorgangsweise vor. Sie möge ihm drei junge Männer nennen, die sie sich als Ehemänner vorstellen könnte. Den richtigen unter den drei Bewerbern werde er dann selbst bestimmen. So geschieht es, und eines Tages sitzen drei erwartungsfrohe hübsche junge Herren im Haus des Kaufmanns. »Derjenige, der die Hand meiner Tochter bekommt, wird von mir 50 000 Gulden Mitgift erhalten«, sagt der reiche Vater, »und diese Mitgift werde ich geben am Schabbes. Wirst du das Geld nehmen?« Der erste Kandidat, an den die Frage gerichtet war, wehrt sofort ab: »Keineswegs, denn am geheiligten Schabbes ist jedes Geldgeschäft verboten, und ich kann die 50 000 Gulden nicht annehmen.« »Gut geantwortet«, sagt der Fragesteller, »du bist ein frommer junger Mann, wie man ihn sich als Schwiegersohn wünscht. Aber wer 50 000 Gulden ausschlägt, ist kein Kaufmann, sondern ein Narr, und wird meine Tochter nicht bekommen. Geh!«

Die Frage geht an den zweiten Jüngling weiter, der scheint gelernt zu haben und antwortet eilfertig: »Nu, ich werde das Geld nehmen!« »Gut«, sagt der Handelsherr, »du weißt, was Geld wert ist. Aber du bist kein frommer Jude, denn der Schabbes ist heilig. Mein Schwiegersohn muss aber fromm sein, zumindestens so fromm wie ich. Geh!« Der dritte Kandidat vergewissert sich nochmals der Fragestellung. 50 000 Gulden? Übergeben am Schabbes? Nur am Schabbes? »So habe ich es gesagt!«, bestätigt der Kaufmann. Da geht ein Lächeln über das Gesicht des jungen Mannes und er spricht den Fragesteller bereits als Schwiegervater an: »Nu Tateleben, los Schabbes sejn.« Und der hat das Mädchen samt Mitgift bekommen. Weil er eben den sejchl hatte, der Klügste der drei war und den doppelten Boden des Problems verstanden hatte: Da der Schabbes geheiligt ist, braucht er sich nicht den Kopf zu zerbrechen, ob er das Geld nehmen soll, wo es doch der Mitgiftgeber gar nicht zahlen darf.

Diese Geschichte zeigt überdies, wie tief die Wurzeln jüdischer Weisheit in der antiken griechischen Dialektik liegen. Denn die Pointe, die höhere Erkenntnis in dieser Parabel, steht unverkennbar als Synthese über zwei unlösbaren, weil diametral gegenüberstehenden Thesen und Antithesen. So oder so, wie viele jüdische Parabeln war dieses kluge Lehrstück nicht nur dem jüdischen Bildungsbürgertum, sondern auch den christlichen Patriziern bekannt und vertraut. Die Schlüsselphrase der Pointe wurde somit zur Redewendung in allgemeiner Bedeutung: Versuche es nur, was du hier vorhast, es lässt sich ja grundsätzlich gar nicht verwirklichen. Oder in etwas liberalerer Deutung: Wenn du schon etwas behauptest, dann zeige uns, wie es in der Praxis machbar ist.

Die Redewendung vom Schabbes, der sein möge, ist mit dem politischen und gesellschaftlichen Wandel des alten Patriziertums leider so gut wie ausgestorben. Bis in die frühen fünfziger Jahre des 20. Jahrhunderts konnte man diese ironische Bemerkung vereinzelt unter Geschäftsleuten hören. Aber es steht zu vermuten, dass der eigentliche Sinn und Hintergrund schon damals vergessen war.

Von den Gaunern in die Sprache

Resistenter und überlebensfähiger über die Vernichtungswelle des Holocaust hinaus waren zweifelsohne jene Redensarten und Spruchwendungen, von denen das einfache Volk gar nicht mehr wusste und weiß, wie

jüdisch deren Wurzeln sind. Das ist vor allem dort der
Fall, wo jiddische Begriffe bereits über das Rotwelsch
in den Dialekt eingedrungen sind. Ein typisches Beispiel dafür bildet die im alten Wien immer wieder
zitierte **Falottenbaaz**. In dieser, so die Redensart, sei
einer oder eine gelegen, oder man sei eben mit ihm
oder ihr nicht darin gelegen. Wer **in da Falottenbaaz
g'leg'n is**, der ist damit als ausgekochter Gauner beschrieben und gekennzeichnet. Und derjenige, der
mit aan net in da Falottenbaaz g'leg'n is weist mit
dieser Redensart jede Vertraulichkeit, jede Gemein-
samkeit, jeden näheren Umgang mit einem angeblich
zwielichten Individuum zurück. Was hat es nun mit
dieser merkwürdigen **Baaz**, dem mundartlichen Wort
für Beize, auf sich?

Der **Falott** kommt höchstwahrscheinlich aus dem
Lateinischen – fallere bedeutet betrügen, und wahrscheinlich sind Betrüger die ursprünglich gemeinten
Falotten. In der Sprache des österreichischen k. u. k.
Militärs wurde der Falott allerdings rasch zum allgemeinen Übeltäter, zum Gauner und Verbrecher jeder
Art. Sollte die Beize, die färbende Lösung oder die ge-
schmacksgebende Essenz, ein Symbol für die Erziehung, für die Prägung eines Menschen zum Gauner
sein? Es ist viel einfacher. Im alten Rotwelsch bildete
das jiddische Wort bajis für Haus auch die Bezeichnung der Herberge, der Kneipe und Unterkunft. Die
Falottenbeize ist also nichts anderes als das in allen
Räubergeschichten immer wieder auftauchende Wirtshaus, nach romantischer Erzählart im dunklen Wald,
wo sich die Ganoven und ihre Spießgesellen treffen,

wo sie feiern und logieren. In der **Falottenbaaz** gelegen zu sein ist daher im Sinne des Wortes viel kon-
kreter zu verstehen: Wer in Gaunerherbergen nächtigt
und logiert, wird wohl auch ein ausgekochter Halunke sein. Der eher preußisch anmutende **Halunke**
stammt dafür wieder aus dem Slawischen. Holomek
ist Tschechisch und bedeutet »junger Mann«, bekam
aber dann die Bedeutung »Diener« wie auch »Gauner«. Über das Rotwelsch, das sehr viele slawische
Vokabeln nutzte, wurde der holomek zum deutschen
Halunken. Tatsächlich aus dem Deutschen kommt
das Wort Schurke, es stammt aus dem 17. Jahrhundert, seine Entstehung ist jedoch ungeklärt.

Gleichwie – Falotten, Halunken und Schurken näch-
tigten in ihren angestammten Herbergen, sie lagen
also alle im gemeinsamen bajis, das im Wienerischen
zur Baaz wurde. Was sogar in zwei positiven Begriffen
bis heute erhalten blieb: Aus bajis wurde auch das
typisch wienerische Wort **Beisl** für einfache Gast-
stätte, kleines Wirtshaus. Früher war Beisl abschätzig gemeint, heute ist es ein internationales Modewort mit höchster Qualitätsauszeichnung. Beislküche,
Beislkultur, In-Beisln und Stammbeisln beschreiben
heutzutage Lieblingslokale, Gesellschaftstreffs und
bodenständige Küche der feinsten Art. Noch vor hun-
dertfünfzig Jahren hätte man in Texten eher die Kombination »dreckiges Beisl« gefunden. So ändern sich
die Zeiten halt auch zum Guten und Besseren.

Sich baazen wiederum meint im Wiener Dialekt sich
zu pflegen im Sinne von ausrasten und ruhen. Es sich
einfach gut gehen zu lassen. Das erfolgt heutzutage

114

nicht mehr in dubiosen Kneipen und Herbergen, sondern im Rahmen des Massentourismus an sonnigen tropischen Stränden.

Ein Nebenaspekt beziehungsweise eine Hauptfigur des guten alten bajis, der Herbergskneipe, hat weltweite Karriere gemacht. Im Niederländischen entwickelte sich aus diesem Wort die Bezeichnung des Kneipenwirts, des Herbergsvaters zum so genannten **Baas**. Die Holländer haben als tüchtige Seefahrer und Kolonialherren sowie fleißige Kolonisten vieles über den Erdball transportiert und verhandelt. Unter anderem haben sie ihren Schutzheiligen für Seefahrt und Seeleute, den San Niklaas, in die neue Welt mitgenommen. Als Santa Claus ist er in der Zwischenzeit mit Rentierschlitten und lautem Ho-ho-ho-Rufen wieder nach Europa zurückgekehrt. Auch den Baas haben die Holländer in ihre idyllische Siedlung an der Ostküste Amerikas, nach Neu Amsterdam, mitgenommmen. Aus dem neu gegründeten holländischen Städtchen hat sich in der Zwischenzeit nichts anderes als die Weltmetropole New York entwickelt und vom Herbergsvater Baas scheint es keine Spur mehr zu geben – Irrtum, das Wort hat sich ein bisschen gewandelt, aber Weltbedeutung gewonnen: Es wurde zum **Boss**, zum Chef im Unternehmen, der ebenso wie der alte Herbergsvater letztendlich das Sagen hat. Und ohne Bosse könnte die Welt doch heute nicht mehr bestehen, oder? Zweifellos gibt es für die Bosse aller Rangstufen und hierarchischen Ebenen das jeweils richtige bajis. Aber es wäre höchst despektierlich,

würde aus diesem jahrhundertelangen Sprachzusam-
menhang abgeleitet werden, dass Wirtschaftska-
pitäne, Spitzenpolitiker oder andere »Macher« aller
Art im Sinne der alten Wortwurzel in »aana Falottenbaaz glegen saan ...«.

Im Gegenteil, von den Großen dieser Welt setzen wir
blindlings voraus, dass es sich **um betuchte Menschen** handelt, die in der Öffentlichkeit **betamt auf-
treten**. Das Wort »betucht« scheint logisch und
deutsch zu sein, denn zweifelsohne sind reiche Menschen in feinste Textilien gehüllt. Nichtsdestoweniger
ist es ein jiddischer Begriff, der dahinter steht. Betuche
bedeutet »sicher« und beschreibt über diese Eigenschaft den offensichtlichen Wohlstand eines Menschen. Wie teuer, wie kostbar, wie erlesen die Stoffe
auch immer sein mögen, in die sich Menschen hüllen,
letztlich kommt es doch darauf an, dass sie trotz allem
Prunk »betamt« und nicht das Gegenteil, nämlich
»unbetamt« wirken. Das jiddische tam bedeutet tatsächlich nichts anderes als Geschmack. Und zwar
auch im unmittelbarsten Sinn als Geschmack des
Gaumens und der Zunge. Es wurde aber ebenso sinnhaft in den guten Geschmack bezüglich Eleganz und
Benehmen hinübergenommen. Merkwürdig ist, dass
das Wort betamt aus der Alltagssprache so gut wie verschwunden ist, das Wort betucht sich aber lebendig
erhalten hat. Vielleicht hängt es damit zusammen,
dass das Wort tam den Sprechern als jiddisch bekannt
war, der Begriff betuche sich aber schnell als deutsches
Wort maskiert hat.

Jiddische Schnauze

Zu den positiven Eigenschaften von Führungskräften und natürlich auch aller anderen zielorientierten Menschen gehört dem Vernehmen nach die klare Rede. **Jetzt müssen wir aber Tacheles reden!** wird dann gerne zitiert, was manchmal als Einladung adressiert ist: Es sei erlaubt, Tacheles zu reden. Diese Phrase geht auf das jiddische Wort tacheles zurück, das soviel wie »Zweck« und »Ziel« bedeutet. Tacheles reden ist also das zweck- und zielorientierte, das ungeschminkte und direkte Ansprechen von Problemen. Daher hat diese Phrase in ihrer Anwendung oft etwas Drohendes – jetzt müsse man endlich, jetzt werde man gleich ...! Vergleichbar mit der norddeutschen Androhung, jetzt werde man Deutsch miteinander reden oder in der noch schärferen Form, jetzt werde **Fraktur** geredet. Fraktur weist hier auf die Letterntype der amtlichen Verordnungen hin, die in »deutscher Fraktur« die Autorität der Obrigkeit ausdrückt. Also im besten Sinn ohne Umwege und Umschweife, im autoritären Stil, ohne Rück- und Nachsicht. Das jiddische Tacheles reden bezog sich in früheren Zeiten auf weniger Drohendes, es war am häufigsten die Ankündigung, man werde bei Verhandlungen nun zum Kern des Geschäftlichen kommen – dem Preis. Im Wienerischen hat die Phrase daher freundlichere Aspekte als bei den nördlichen Verwandten. Obwohl es auch hier schöne Überraschungen gibt. Heißt doch eine der bekanntesten In-Kneipen und Künstlertreffs in Berlin tatsächlich »Tacheles«.

Schließlich ist Berlin eine europäische Metropole **und nicht das letzte Kaff**. Wenn die Berliner etwas toll finden, dann meinen sie: **Mensch, is dat dufte!** Wer würde schon vermuten, dass selbst hinter der »echten Berliner Schnauze«, diesem herb-frischen Stadtdialekt, Jiddisch steckt? **Kaff** für unbedeutendes Dorf oder Nest kommt vom Hebräischen kafr, was ebenfalls Dorf bedeutet. Und **dufte** kommt von tow, was gut und fein heißt. Im jüdischen Glückwunsch masltow ist uns diese Silbe am bekanntesten.

Apropos Glückwunsch! Zu den scheinbar modernsten Glückwünschen des Alltags, vornehmlich des Sports, gehört das schneidige deutsche **Hals- und Beinbruch!**. Die Widersinnigkeit des Zurufs – es kann doch kein Glückwunsch sein, wenn man jemandem schwere Verletzungen wünscht – ergibt sich aus einem alten Aberglauben; nämlich dem so genannten »Verschreien des Glücks«. Das meint, dass das häufige Nennen von Wunschvorstellungen oder Wunschzuordnungen schon allein das Unglück, das Pech anlockt. Im Kern sind es alte Dämonenvorstellungen und die damit verbundene Angst, dass man missgünstige Geister auf sich aufmerksam macht. So war es auch in der frühen Fliegerei, wo sich die tollkühnen Männer in ihren fliegenden Kisten das Unglück, den Absturz an den Hals wünschten, um die bösen Geister abzuwehren und um dadurch wieder glücklich auf die Erde zurückzukommen. Wie gesagt, heute ein scheinbar moderner, typisch deutscher Alltagswunsch. Aber auf den zweiten, genaueren Blick ist diese Redensart nicht nur viel älter, sondern auch … richtig! Hazloche und broche ist ein alter jiddischer Glückwunsch und – wie der Klang sofort verrät – der Stammvater vom Hals- und Beinbruch. Hazloche bedeutet Glück und Segen im Sinne des Erfolgs, und broche, abgeleitet vom Hebräischen baruch, bedeutet den Segen Gottes. »Glück und Segen« ist daher nicht nur die jiddische Stammform, sondern auch sinngemäß die richtige Bedeutung des späteren preußischen Fliegergrußes.

Vor allem im Berliner Dialekt gibt es also viele Worte jiddischen Ursprungs, die uns im Lauf der Geschichte und zuletzt über die kommerziellen Fernsehsender vertraut geworden sind: die **Macke, die einer hat**, oder **der Kies** und **das Moos**, die so oft fehlen. Die Macke kommt vom hebräischen maka für Hieb oder Schlag, was an die wienerische Redewendung **der hat ja an Hieb** erinnert. Kies und Moos stammen aus dem Jiddischen, kiss ist der Geldbeutel, moess das Geld. Wer aber **eine Pleite macht**«, der ging ursprünglich auf die pleitje, was Flucht bedeutet. Der **Pleitegeier** ist also nicht der so spöttisch bezeichnete Reichs- oder Bundesadler, sondern der pleitjegeher, der betrügerische Bankrotteur, der sich davongemacht hat. Ein **echt mieser Typ**. Mies kommt von mis, dem jiddischen Wort für hässlich. Es kam im 19. Jahrhundert in die Berliner Mundart und ging von da aus in den ganzen deutschen Sprachraum über.

Wo der Jud drinsteckt

Über die Geschichte des Antisemitismus, vor allem in Wien und Österreich, zu schreiben erforderte den Platz für zusätzliche Bände. Darauf wurde schon hingewiesen, und es sei nur kurz umrissen, dass es eine schreckliche Geschichte vom Hochmittelalter bis zum grauenhaften Holocaust im 20. Jahrhundert ist. Kein Wunder, dass sich Redewendungen um und über das Judentum beziehungsweise jüdische Menschen in abschätziger, verächtlicher und feindseliger Art und Weise gebildet haben. Wobei die negative Bedeutung oft mit der ursprünglichen Verwendung der Rede gar nicht übereinstimmt. So zum Beispiel beim Entsetzensruf: **Hier geht's ja zu wie in einer Judenschule!** Gemeint ist damit ein lautstarkes, chaotisches und wildes Durcheinander in Räumen und Gebäuden. Selten, dass diese Klage für Szenen im Freien benutzt wird. Jedenfalls haben die meisten der Anwender keine Ahnung, wovon sie eigentlich reden und was ursprünglich damit gemeint war.

Die älteren Semester wissen noch, dass es sich nicht um eine »Judenschule«, sondern um eine »Judenschul« handelt, und sprechen dies daher noch richtig aus. Schul ist nämlich das alte jiddische Wort für Synagoge, sowie für den Tempel. Immerhin heißt eine der berühmtesten und ältesten Synagogen Europas in Prag bis heute »Altneuschul«. Wie und wo auch immer, jüdische Gemeinden feierten am Sabbat und an den hohen Festtagen ihre Gottesdienste sicht- und vor allem hörbar anders als das »geduckte Christentum«. In einer Judenschul, einer Synagoge, ist Beten und vor allem Singen ein lebensvoller und daher lautstarker Ausdruck sowohl der einzelnen Gläubigen als auch der Gemeinschaft. Heutige junge Menschen würden vielleicht Neudeutsch sagen, dass da die Post abgehe. Die beobachtenden Christen verstanden das jüdische Glaubensleben als höchst außergewöhnlichen Wirbel und Tumult, den sie aus ihren vergleichbaren stillen Messen nicht kannten. So drängte sich der Vergleich auf, dass es bei regem Treiben in Häusern oder Sälen eben zugehe wie beim jiddischen Gottesdienst. Wie gesagt, im Ursprung kein unfreundliches Zitat, aber im Lauf der Geschichte wurde es immer bösartiger verwendet.

Im Salzkammergut konnte eine Redewendung aufgespürt werden, die sicherlich noch weitere Verbreitung hat, wenn auch wie andere antisemitische Redensarten nur hinter der Hand oder im engeren Bekanntenkreis verwendet. **Do is a Jud begraben!** wird scherzhaft oder ärgerlich ausgerufen, wenn man auf der Straße über einen Stein stolpert. Diese Behauptung erinnert an zwei Dinge. Erstens, dass jüdische Menschen außerhalb von Ortschaften oder Städten begraben wurden, es sei denn, eine jüdische Gemeinde besaß innerhalb der Stadt Grundbesitz und hatte darauf einen jüdischen Friedhof angelegt. Aber grundsätzlich gehörten nach alter Sitte Juden nicht in christlich geweihter Erde begraben. Die zweite Komponente ist die bis heute geübte Tradition, dass jüdische Menschen beim Besuch eines Grabes einen Stein niederlegen.

121

»Der Juden Kirchhof«, Gemälde von Jacob van Ruisdael

Das hat uralte kulturelle Wurzeln und weist wahrscheinlich auf die biblische Zeit des Nomadentums,
der Wanderschaft zurück. Viele jüdische Grabmäler
haben in ihrer Umfassung sogar eigene Schalen, in die
die Steine der Besucher eingelegt werden. Die Steine,
die auf jüdische Gräber außerhalb der Ortschaften,
neben den Landstraßen, bereits im Mittelalter gelegt
wurden, wurden daher offensichtlich von nicht jüdischen Menschen zu »Stolpersteinen« umgedeutet.
Es ist erstaunlich, wie alte Redewendungen den kulturellen Hintergrund, aus dem sie stammen, und alle in
der Zwischenzeit angeblich erfolgten »Lernprozesse«
überdauern.

... das geht bis zur Wäschepflege. Wenn beim Bügeln aus Ungeschicklichkeit oder Unachtsamkeit die fleißige Hausfrau (emsige Hausmänner gab es damals noch kaum) eine Falte ins Hemd produzierte, dann führte das fast reflektorisch zur Selbstaussage oder zum Hinweis Dritter: **Jessas, da is jetzt a Jud drin!** Im ersten Moment eine unverständliche Kombination von Schlamperei und Vorwurf gegen Unschuldige. Bis man erfährt, dass in den guten alten Zeiten der Monarchie bei solchem Missgeschick genauso ärgerlich die Kroaten beschuldigt wurden und man sagte: **Da hab i an Krawoden einebügelt!** Sind also ungewollte Bügelfalten immer mit dem Ärger über missliebige Volksgruppen verbunden? Im Ursprung scheint es logischer und daher weniger unfreundlich gemeint gewesen zu sein, als es später verwendet wurde. Denn die Falten müssen etwas mit den Trachten zu tun haben. Sowohl der jüdische Kaftan als auch die kroatischen Mäntel und Röcke waren faltenreiche Gewänder. Aus diesem Vergleich stammen wahrscheinlich die Redewendungen über Ungeschicklichkeiten beim Plätten. Vielleicht haben daher resche Wäscherinnen Anspielungen entwickelt, denn immerhin waren sie es, die in den Wäscherburgen des Biedermeiers die meiste Bügelarbeit für die feinen Herrschaften zu leisten hatten.

Warum man **einen Juden hat**, wenn beim Entzünden einer Zigarette oder einer Zigarre die Spitze schief anbrennt, das ist schon geheimnisvoller. Auf jeden Fall ist diese Redensart alt, wenn auch nicht älter als die

Sitte des Rauchens. Eine Erläuterungstheorie geht dahin, dass – wie uns die Tiefenpsychologen seit Sigmund Freud ja wissen lassen – Zigaretten, Zigarillos und Zigarren phallische Symbole sind. Jüdische Männer sind nach ihren Glaubensvorschriften beschnitten. Ob tatsächlich die etwas andere »Spitzenform« des männlichen Glieds jüdischer Männer zum Vergleich für schief angebrannte Rauchwaren morphologisch Pate stand, ist kühn und scheint weit hergeholt. Aber wie alles Sexuelle kann es auch nicht einfach weggewischt werden …

Markige Politikerworte

Der politische, zunehmend offene Antisemitismus am Ende des 19. Jahrhunderts hinterließ prägnante Redewendungen. Zwei Politikernamen bleiben mit dieser Zeit untrennbar verbunden. Da ist einmal der deutschnationale und rabiate Antisemit Georg Ritter von Schönerer, der seine Karriere vorübergehend sogar damit verpfuschte, dass er beim Verprügeln missliebiger und jüdischer Journalisten und Redakteure selbst Hand anlegte. Dieser Schönerer prägte das Wort vom »Joch der Judenpresse«, das auf allem laste. Diese Phrase wurde nicht volkstümlich, dafür ist sie schlicht und einfach zu geschraubt. Aber aus dem Schönerer-Lager blieb ein Satz hängen, der sogar innerhalb der jungen Sozialdemokratie noch bis in die Zwischenkriegszeit lebendig blieb: **De Juden san unser Unglück!** Wobei verdrängt wurde, dass sowohl der Gründer der sozialdemokratischen Partei als auch die intellektuellen Führer der Bewegung jüdischer Abstammung waren. Selbst auf Wahlplakaten drückte sich der »rote Antisemitismus« eindeutig aus: Die Feindbilder des Kapitalismus, die Bankiers und Hausherren wurden unkommentiert, aber für alle sichtbar und allgemein verständlich als Juden dargestellt.

Der zweite herausragende Antisemit des 19. Jahrhunderts war der legendäre Wiener Bürgermeister Karl Lueger. Die Verdienste Luegers in der Kommunalpolitik sollen hier nicht geschmälert werden, aber einen großen Anteil an seiner Popularität hatte seine betonte Judenfeindlichkeit. Der »schöne Karl«, wie ihn seine Bewunderer nannten, war nicht nur der Gründer der christlichsozialen Partei, sondern auch tatsächlich von blendendem Aussehen und vor allem ein großartiger Volksredner. Ein Mann der direkten Worte, der den einfachen Menschen in ihrer eigenen Sprache aus der Seele reden konnte. Politische Schwierigkeiten hatte er mit dem Kaiserhaus, es dauerte lange, bis Franz Joseph Luegers Wahl zum Bürgermeister akzeptierte und bestätigte. Der alte Kaiser war eben unter vielem anderen auch König von Jerusalem und somit Schutzherr aller jüdischen Menschen im Habsburgerreich. Luegers Antisemitismus konnte der »alte Herr« auf den Tod nicht ausstehen.
Übrigens war Lueger selbst von seiner zur Schau getragenen Judenfeindlichkeit nicht zutiefst und glühend erfüllt. Einem Vertrauten gegenüber äußerte er einmal, dass der Antisemitismus ein gutes Vehikel für

seinen politischen Aufstieg gewesen wäre, aber jetzt, wo er es geschafft habe, nach oben zu kommen, sei er »doch ein rechter Pöbelsport«. Und das volkstümlichste Zitat des Doktor Lueger, das zur Redensart wurde, entstammt einer solchen Widersprüchlichkeit. Lueger hatte nämlich großbürgerliche Freunde, bei denen er regelmäßig Tarock spielte und die jüdischer Abstammung waren. Außerdem verteilte er als Bürgermeister städtische Aufträge durchaus auch an jüdische Unternehmen. Darauf einmal innerhalb seines Stabs angesprochen, gab er zur Antwort: **Wer a Jud is, des bestimm i!**

Die zweite Merkregel dürfte wohl aus der Zeit des politischen Aufstiegs Luegers stammen, wenn auch nicht ganz gesichert ist, ob er selbst sie in die Welt gesetzt hat: **Schuld san de Juden und de Radlfahrer!** Damit war die Welt in eine klare Teilung gebracht, die Luegers Klientel verstehen konnte. Diese Wählerschaft war der so genannte Mittelstand, der in der politischen Katalogisierung Luegers einen heute irreführenden Namen trug. »Dem kleinen Manne muss geholfen werden!«, lautete des schönen Karl politisches Credo. Dieser »kleine Mann« war aber nicht der verelendete Proletarier, sondern sozusagen der »Greißler ums Eck«, der Kleinunternehmer und Gewerbetreibende. Diese sahen im Judentum schon aus Futterneid eine ständige Bedrohung – und die neumodischen Radfahrer, die die Straßen unsicher machten, waren ihnen ebenso suspekt.

Germanischer Brauch

Der radikale Judenfresser Schönerer und der »gemäßigte« Antisemit Lueger wären vielleicht nur Exponenten und Erscheinungen einer typischen Epoche gewesen, wenn nicht ...

Handléh: »Was wollen Sie dafür?«

... von 1907 bis 1912 auch ein junger Mann aus der tiefsten Provinz in Wien gelebt hätte. Architektur hätte er gerne studiert, an der Malerei scheiterte er bei der Aufnahmeprüfung zur Akademie, dann pinselte er Ansichtskarten und las im Obdachlosenheim mit glänzenden Augen die Ostara-Hefte des psychopathischen Rassenkundlers Lanz von Liebenfels. Wenn Schönerer oder Lueger bei politischen Versammlungen sprachen, dann stand er im Publikum. Auch als der alte Karl May am 22. Mai 1912 in den Sofiensälen einen Vortrag mit dem Titel »Empor ins Reich des Edelmenschen« in unverfälschtem Sächsisch hielt, hatte er sich in den Saal gepresst, dieser junge Mann aus Braunau namens Adolf Hitler. Als dann der zukünftige Führer 1924 in der Festungshaft sein schwachsinniges Glaubensbekenntnis »Mein Kampf« schrieb, bestätigte er: »Als ich von Wien wegging, war ich bereits ein überzeugter Antisemit geworden.«

Ob Hitler bereits die Sitte und Redensart adoleszenter Jünglinge beim Wasserlassen kannte, ist nicht überliefert. Aber bis in die sechziger Jahre des 20. Jahrhunderts waren sie noch lebendig: **Tuan ma übers Kreuz brunzen, dann stirbt a Jud!** Beim Pinkeln die Harnstrahlen zu kreuzen ging natürlich nur in den alten Bedürfnisanstalten, wo es eine schlichte geölte Pisswand gab. Oder im Freien hinter Gastwirtschaften oder auf Zeltlagern. Vielleicht sind die modernen Pissoirs mit ihren Urinalen schuld, dass dieser »germanische Brauch« verschwunden ist. Es wäre natür-

lich schöner, wenn die Kreuzpisserei, die wahrscheinlich aus der deutschen Turnerbewegung stammt,
durch Erziehung ausgemerzt worden wäre. Aber dies
ist leider ungewiss.

Mit Pulver und Blei

Uns habn's g'halten, aber weg'n
dem is no kaner verdorb'n.
Ein schön Gruaß an unsern Alten,
jetzt kann er erst stolz sein auf
seine zwa Buab'n! (...)
Wer den Glaub'n an unser
männliche Kraft hat verlor'n,
den brüll'n ma mitsamm
jetzt das Lied in die Ohr'n:
Uns ham's ghalten ...

Die Volkssänger Wenzel Seidl &
Wilhelm Wiesberg um 1890

Redensarten vom Kriegshandwerk,
aus dem Militär und von
allerlei Mannsbildern von Schrot und Korn

Ghalt'n ham's mi!, das ist ein volkstümlicher »Jubel-ruf«, der sich – mit oft ganz unterschiedlich gemisch-ten Gefühlen verbunden – bei jungen Männern bis heute gehalten hat. Dieser Spruch fand sich auch auf Ansteckbüschchen aus Kunstblumen, die den als »tauglich zum Dienst mit der Waffe« gemusterten Jungmännern auf den Hut, an das Revers oder ans

Musterungsjahrgang 1914 aus einer
niederösterreichischen Kleinstadt mit den traditionellen Buschen
(Assentierungssträußchen) als Tauglichkeitszeichen

Ulanen und Biedermeiermädchen, Aquarell, anonym

Hemd der Zivilkleidung gesteckt wurden. Gegen Ent-
gelt natürlich, denn die darauf spezialisierten Kleinhändler vor den Amtsstuben der Musterungsbehörde
waren wahre Meister in der Überfallstaktik. Zu Kaisers

Zeiten bedeutete es wirklich noch einen festlichen Anlass für Familien, oft ganze Dorfgemeinschaften, wenn die Jünglinge des entsprechenden Jahrgangs als körperlich und geistig gesund genug eingestuft worden waren, um »den bunten Rock« tragen zu dürfen. Da gab es üppige Festessen, und fast hätte man meinen können, die jungen Männer wären eben gefirmt worden. Wer untauglich war, der war vermutlich erleichtert, dass er die zwei- oder dreijährige Dienstzeit bei den Kaiserjägern, den Deutschmeistern, den Dragonern oder anderen Einheiten mit klingendem Namen nicht abzuleisten brauchte, aber gesellschaftlich wurde es ihm nicht als Ruhm angerechnet.

Kein Wunder, dass die Volkssänger aus dieser Episode »männlichen Lebens« ein flottes Couplet drechselten. Das Militär der k. u. k. Monarchie hatte seinen unwidersprochenen Stellenwert, seine Anekdoten, seine Legenden, seine Heldengeschichten und auch seine Leidensgeschichte. Und vor allem war das Militär fesch, wie man in Wien sagte. Wenn die Hoch- und Deutschmeister mit klingendem Spiel durch die Stadt zur Wachablöse in die Hofburg marschierten: dann wurden sie tatsächlich von einer begeisterten Passantenschar bejubelt und begleitet, dann versuchten die Buben mit den Soldaten den Gleichschritt zu halten, dann hüpften die Mädchenherzen höher. Bleibt historisch nur die berühmte Frage: Welcher Idiot hatte die Idee, eine so fesche, so farbenfrohe, so herrlich anzusehende Armee in einen Krieg zu schicken?

Vater aller Dinge

Der Krieg ist der Vater aller Dinge, sprach bekanntlich der griechische Philosoph Herakleitos (etwa 540–480 v. Chr.). Ein finsterer Geselle, der, obwohl er in der herrlichen kleinasiatischen Hafenstadt Ephesos lebte, auf seine Mitmenschen und die Welt verbittert und zynisch herabsah. Das zweite berühmte Zitat, das von ihm stammt, lautet panta rhei, alles fließt. Damit wollte er im Grunde genommen sagen, dass nichts von Bestand sei, dass sich alles ständig verändere und höchstwahrscheinlich auch das, was er selbst formulierte, nicht lange halten würde. Hier hat er sich geirrt. Denn dass der Krieg – Herakleitos meinte mit dem Wort polemos eigentlich jede Art von Auseinandersetzung und Streit – tatsächlich die Welt ständig verändert und sogar Dinge hervorbringt, die dem Menschen nützlich sind, ließ sich ja in den zweieinhalb Jahrtausenden seit seiner Behauptung durchaus studieren. Auf jeden Fall hat der bewaffnete Streit und das Waffenhandwerk an sich in unserer alltäglichen Sprache Spuren hinterlassen. Wobei viele Redewendungen, obwohl noch fleißig gebraucht, kaum mehr vom ursprünglichen Sinn her verstanden werden.

Wenn wir einen Meister seines Fachs bewundern, vielleicht einen Handwerker, der mit großem Geschick und umfassendem Wissen sein Können zeigt, dann kann dieser mit Stolz sagen, er habe es eben **von der Pike auf erlernt**. Sogar bei höheren Beamten, bei Führungskräften in Wirtschaft und Industrie wird so etwas manchmal anerkennend geäußert. Gemeint ist damit, dass die in Rede stehende Person eine Laufbahn, eine Entwicklung erfolgreich hinter sich habe, in der sie von Grund auf das so genannte Metier erlernt hat. »Von der Pike auf«, das ist ein großes Kompliment. Wer denkt heute dabei noch daran, das es sich um eine Waffentechnik der Landsknechte des Dreißigjährigen Kriegs handelt?

Die Pike war eine zirka vier Meter lange Lanze mit hölzernem Schaft und einem meist mehrfach gezackten stählernen Lanzenblatt an der Spitze. Mit ihrer außergewöhnlichen Länge besaß sie kampftechnisch nur einen einzigen Sinn: Wenn man sie gegen den Boden abstützte und schräg nach vorne fällte, war sie eine Art Stachel. Natürlich war diese Handhabung nur sinnvoll, wenn Mann neben Mann, Schulter und Schulter und dicht an dicht mit ihren abgestützten Piken einen Riegel bildeten. Damit sollten nämlich anstürmende Reiter abgewehrt werden. Die Schlachtfelder des Dreißigjährigen Krieges waren bevorzugt Ebenen, und im flachen Gelände bildeten die Pikeniere, die Lanzenträger, Formationen von geschlossenen Kreisen oder Quadraten, die so genannten Igel. Diese lanzenstarrenden Inseln waren damit taktisch feste Stellungen, die gegnerische Kavallerieangriffe aufspalten konnten, denn sie mussten umritten werden, sonst wären Ross und Reiter von den starrenden Lanzen aufgespießt worden. Für die Pikeniere, die Landsknechte, die die Piken führten, kam es darauf an, die Nerven zu bewahren, keinen Zoll zurückzuweichen oder gar die dichte Formation aufzulösen. In den Heeren des Dreißigjährigen Krieges gab es bereits viele unterschiedliche Söldnertruppen, die kampftechnisch spezialisiert waren: Artillerie, Kavallerie, Arkebusire und spezielle Infanterietruppen. Die Pikeniere standen auf der untersten Stufe der damaligen Militärhierarchie. Wer immer sich als Landsknecht verdingte oder mit Gewalt dazu gepresst wurde, begann seine blutige Karriere als Pikenier. Und deren Verluste waren hoch, denn die Artillerie – mochte sie damals auch noch so ungenau schießen – konnte sich auf einen im Felde fix stehenden Igel am leichtesten einschießen. Erst wer die Zeit bei den Pikenieren überlebte, wer diesen Dienst überstand, der bekam eine Chance, in bessere Einheiten »aufzusteigen«. Vor und auch noch nach dem Dreißigjährigen Krieg waren die meisten Heerführer, Offiziere und Truppenkommandanten bis zum Leutnantrang hinab Adelige, die sich ihre Offizierspatente im wahrsten Sinne des Wortes kauften. Wenn nun aber einmal einer, der ganz unten bei den Lanzenträgern begonnen hatte, zum Truppenführer aufgestiegen war, wenn er also **ein alter und erfahrener Haudegen** war, dann genoss er bei seinen Soldaten das höchste Ansehen, denn er hatte ja »von der Pike auf gedient«.

Viele Redensarten haben sich aus der grausamen Realität des Kriegshandwerks in das zivile Umfeld der Sprache umgesiedelt, manche davon sind noch in ihrem Ursprung erkennbar, andere, wie das vorhergehende Beispiel zeigt, nicht mehr. Und bei einigen denken wir einfach nicht mehr daran, dass mit

ihrer ursprünglichen Be-
deutung einmal blutiges
Geschehen verbunden war.
Wer in glühender Liebe
**ein Herz im Sturm er-
obert**, wer in einer anderen Lebenssituation zu seiner Überraschung **offene
Türen einrennt**, wer in
Meinungsverschiedenheiten
einem Gegenüber **mit offe-
nem Visier entgegentritt**,
der kann die Herkunft der
Redewendungen aus der
Zeit der mittelalterlichen
Kriege selbstverständlich
noch erkennen. Eine Burg
oder Festung konnte ent-
weder belagert und ausge-
hungert werden, oder mit
großem Einsatz über Mau-
ern, Schanzen und Wälle
im Ansturm **überrannt
werden**. Tore, vor allem
Burgtore, mussten **eingerannt** werden. So nannte
man das Aufbrechen mit

Die Bewaffnung und Ausrüstung
eines Pikeniers zur Zeit des
Dreißigjährigen Krieges

Hilfe von Rammböcken, die von Dutzenden Männern immer wieder gegen die Torflügel **angerannt** wurden. Waren die Innenbalken, also die Riegel des Burgtors, nicht gesichert oder gar nicht vorhanden, dann sauste die Rammbockmannschaft mit ihrem schweren Rammbalken Hals über Kopf in den Torgang hinein, hatte also mit unnötigem Aufwand ein offenes Tor eingerannt. Gepanzerte Ritter, die ihren Gegner zwar mit dem Schwert in der Hand, aber noch verhandlungsbereit entgegentraten, hatten als Zeichen dieser Bereitschaft das Helmvisier nicht heruntergeklappt, boten also freien Augenkontakt.

Von der Stange zum Stich

Wer **eine gute Klinge führen** will – heute ist dies ein Symbolsatz für verbale Auseinandersetzungen, für rhetorischen Wettstreit –, der muss das auch lernen. Wo es seinerzeit tatsächlich um Schwerter, Degen oder Florette ging, gab es also Fechtschulen. Aus dem Fechtunterricht stammen zwei Redensarten, die wir gar nicht mehr dorthin zuordnen würden. **Jemandem die Stange halten** bedeutet heute soviel wie Hilfe geben, Unterstützung und auch Treue. Zumindestens für jemanden eintreten. Und das kommt tatsächlich aus dem Fechtunterricht. Wenn nämlich zwei übende Degenkämpfer ihre Angriffe und Paraden trainierten, dann stand ein Fechtmeister nicht nur zur Belehrung oder zur Korrektur daneben, sondern auch zum Schutz der Schüler. Früher hatte man

nämlich anders als heute keine wattierten Schutz-
kleider an und trug auch keine Gesichtsmasken. Die
Spitzen der Klingen waren bestenfalls mit einer auf-
gesteckten Holzkugel gesichert, aber die fiel nach einigen Schlägen herunter. Wenn also einer der Schüler in
Bedrängnis geriet und Gefahr lief, ernsthaft getroffen
zu werden, dann agierte der Fechtmeister mit einer
armdicken und zirka zwei Meter langen Holzstange,
der so genannten Parierstange, mit der er dazwi-
schenging und die gefährlichen Hiebe und Stiche ab-
fing. Tat er das nicht, dann **ließ er einen im Stich**.
Und auch das ist heute noch eine Redensart, die jeder
kennt.

Wenn man sich etwas in Reserve hält, wenn man für
schwierige Situationen ein letztes Mittel bereithält,
oder wenn man so etwas wie eine kleine List plant,
dann sagt man heute noch: **Da habe ich noch etwas
in der Hinterhand**, oder von einem anderen: **Der
hält bestimmt noch etwas in der Hinterhand
zurück**. Im ersten Moment ist das eine unverständliche Definition, denn der Mensch besitzt zwei parallel
gewachsene Arme und Hände und wo sollte er eine
Hinterhand haben? Es ist wiederum das Fechten, das
bei dieser Redewendung Pate stand. Doch diesmal
nicht beim Unterricht, sondern bei echten und schar-
fen Auseinandersetzungen. Die elegante, die korrekte
Haltung eines Fechters ist und war das Führen der
Klinge mit gewinkeltem oder ausgestrecktem Arm vor
dem Körper und das Zurücklegen des anderen Arms
in den Rücken, ungefähr in Gürtelhöhe. Diese zweite

Hand nannte man die Hinterhand. Und Raufbolde der so genannten »Mantel- und Degen-Zeit« hatten im Gürtel in der Nähe der Hinterhand meist einen Dolch stecken. Es gibt beim Fechten viele Situationen, in denen die Kämpfer die Klingen so kreuzen, dass sie fast auf Tuchfühlung aneinander kommen. Es galt als fair und vornehm, diese Figur aufzulösen, Distanz zu nehmen und nach den Regeln der Kunst **die Klingen zu kreuzen**. Die unfairen, die gefürchteten Schläger aber zogen in dieser Situation den Dolch aus dem Gürtel und stachen zu. Sie hatten etwas, nämlich eine Klinge, in der Hinterhand. Dieser ursprüngliche Sinn ist aus der Bedeutung der heutigen Redensart Gott sei Dank in seiner Schwere entschwunden. Nur selten ist damit gemeint, dass jemand eine versteckte tödliche Waffe bereithält.

Eine Fülle weiterer ursprünglich militärischer Maßnahmen, Kampftechniken und Manöver hat sich so in unsere alltägliche Sprache eingenistet – der Blutgeruch der kriegerischen Wirklichkeit wird aber nicht mehr wahrgenommen: **etwas frontal angehen** oder **jemanden frontal angreifen**, **jemandem in den Rücken fallen, in einen Hinterhalt locken, einen Waffenstillstand anbieten, die weiße Flagge zeigen, sich einbunkern, die Ruhe vor dem Sturm, ein Problem neu aufrollen, Gewehr bei Fuß stehen, Widerstand brechen** etc. Alle diese Begriffe werden sofort sinnfällig, wenn man nicht an zivile Lebenssituationen, sondern an den realen Krieg denkt, wie er seit Beginn der Neuzeit geführt wird. Vielleicht ist das

Aufrollen noch am erklärungsbedürftigsten. Insbesondere in der Verwaltung und in der Bürokratie kann Aufrollen natürlich den neuen Einblick in ein Aktenstück bedeuten, denn früher wurden viele Urkunden nicht als Folianten – gebundene Blätter – aufbewahrt, sondern in Form von Papier- oder Pergamentrollen. Aber bereits vor den Türkenkriegen im Barock, in den Festungskämpfen der Renaissance, gab es für Angreifer wie für Verteidiger ausgebaute Grabensysteme, die man in den Schießkriegen des 20. Jahrhunderts Schützengräben nannte. Einen Schützengraben oder sonstigen Verteidigungsgraben kann man unter hohen Verlusten frontal angreifen oder von einer oder zwei der Stirnseiten her im Kampf Mann gegen Mann aufrollen, also leerkämpfen.

Daneben sind uns weitere Redensarten und Sprichwörter erhalten geblieben, die noch aus den Heerzügen vor und während des Dreißigjährigen Krieges stammen: **Pack schlägt sich, Pack verträgt sich!** Diese abschätzige Redewendung über den so genannten Pöbel, der sich angeblich grundlos streitet und im nächsten Moment auch schon wieder versöhnt ist, hat eine sprachlich und geschichtlich mehrfache Vernetzung. Da ist einmal das aus dem 14. Jahrhundert stammende flandrische Wort pac. Das bedeutete nichts Harmloseres als ein Bündel Wolle, denn Flandern lebte von der Schafzucht und vom Verkauf seiner Qualitätswolle in alle Gegenden Europas. Das Wort pac ist in mehrere europäische Sprachen eingegangen, vor allem ins Englische und ins Deutsche. Im

Deutschen steckt das Wort unüberhörbar im allgegenwärtigen Begriff Verpackung. Und so kam es auch
schon früh ins Kriegswesen. Jeder ziehende Heer-
wurm hatte in der Nachhut den so genannten Tross.
Zum Tross gehörten die Wagen mit den Lebensmittel-
vorräten, der Munition, allem sonstigen Gepäck sowie die Marketenderinnen, hinter denen auch noch
eine gehörige Schar von Prostituierten steckte, und
alle mitziehenden zivilen Handwerker, vor allem die
Hufschmiede und die als Kesselflicker bezeichneten
Wanderschmiede. Letztere zählten zu einem Volk,
das ohnehin traditionell als Wanderschmiede arbei-
tete – die Roma, früher Zigeuner genannt. Die Roma
betätigten sich auch als Pferdehändler, als Pferdeärzte
und in allen anderen »Künsten« ihres Nomadenle-
bens. Vor allem wurden sie, weil vogelfrei, gerne als
Spione, als Späher eingesetzt. Alle diese Menschen,
die den Tross bildeten, galten als minderwertiger als
der unterste Landsknecht; von den Pikenieren wurde
schon erzählt. Und dieser Tross wurde »das Pack«
genannt. Eine solch wilde, teilweise undisziplinierte
und nur mit drakonischer Strenge zusammenge-
haltene Menschenmenge besaß eben ihre eigene innere »Gruppendynamik«. Während die auch nicht
feinen Landsknechte ihre Streitigkeiten unter gewissen Regeln ausübten, blieben die Sitten und Ge-
bräuche des Packs erstens undurchschaubar und zweitens sowieso »ihrem schlechten Charakter entsprechend«. Mancher Obrist mag den Halbsatz »schlägt
sich und verträgt sich« oft genug mit Schulterzucken
quittiert haben, wenn man ihm von wüsten Streitig-

Ankunft im Quartier

keiten im Lager berichtete. Das eitle Bürgertum des 19. Jahrhunderts hat dann diese Redensart auf die ihm fremde Welt des gefährlichen Industrieproletariats übertragen.

Den Tross, also das Pack, gab es selbstverständlich schon in der Zeit der Kreuzzüge, die im Hochmittelalter ins Heilige Land aufbrachen. Da stellte sich die Situation merkwürdigerweise aber anders dar. Die meisten Teilnehmer eines solchen Ritterheer-Trosses waren hoch geachtet, geschützt und geradezu heiß begehrt. Nicht weil sie Frauen, sondern vor allem weil sie Wäscherinnen waren. Diese Wäscherinnen, die in den heißen Mittelmeerländern den Herren und Knappen die Hemden und die Wämser, die sie unter den schweren Kettenpanzern anhatten, bei jeder sich bietenden Gelegenheit in Bächen, Flüssen oder eroberten Städten wuschen, die also für eine grundlegende

145

Hygiene sorgten, sie genossen hohen sozialen Stellenwert. Das ging so weit, dass sich gegenseitig besiegende Christen- oder Sarazenenheere zwar herzhaft meuchelten und vor allem die Christen die gefangenen Muslime unbarmherzig abschlachteten, die Wäscherinnen aber wurden geschont und von der jeweils siegreichen Armee übernommen, ohne dass den meisten unter ihnen auch nur ein Haar gekrümmt worden wäre. Immerhin ein außergewöhnliches Detail einer ansonsten schrecklichen Militärgeschichte. Jedenfalls dürfte in den menschenentvölkernden Kriegszügen des späteren 17. Jahrhunderts auf Sauberkeit weniger Wert gelegt worden sein, denn vom Schutz der Wäscherinnen wird nichts berichtet. Dafür ist das Salutieren erfunden worden! Die hohen Offiziere konnten ihre wagenradgroßen Hüte, die mit üppigstem Federschmuck ausstaffiert waren, nicht mehr ehrerbietig vom Kopf ziehen, ohne die Kunstwerke zu zerstören. Daher ersetzte man das Ziehen des Hutes durch das Anlegen der Finger an die Hutkrempe, was als gleichwertige Ehrenbezeugung galt.

Das Pack, das Gesindel – und hier ist auch schon das zivile gemeint, das außerhalb der Kriegszüge als fahrendes Volk die Landstraßen belebte – pflegte eine interessante Eigenschaft beziehungsweise Sitte, die heute noch in der Sprache des Krieges und der allgemeinen Streitkultur überlebt hat. Kriege, Konflikte, Auseinandersetzungen, Streitigkeiten werden oft **vom Zaun gebrochen**, was bedeuten soll, dass dies scheinbar ohne triftigen Grund und Ursache geschieht. Vielleicht nur aus Mutwillen oder anderen »niederen Motiven«. Nun, im Ursprung waren es entweder wirklich Angehörige des Kriegstrosses, die ja eigentlich keine Waffen tragen durften, oder die berühmten Landstreicher, die urplötzlich aufeinander losgingen. Und die passendste Bewaffnung neben Fäusten, Stiefeln oder Gürteln waren schlichtweg handfeste Prügel, aus Zäunen herausgerissen. Dabei handelte es sich nicht um zierliche Latten, wie sie heute geschmackvolle Einfriedungen von Villenhäusern darstellen, sondern um armdicke, grob behauene Äste oder dünne Stämme. Damit konnte man einem Gegner durchaus den Schädel einschlagen. Das »Einschwingen« als Drohgebärde vor dem endgültigen Zuschlagen ist ebenfalls in unseren Redeweisen enthalten. Wir sprechen heute noch gern von einem **Wink mit dem Zaunpfahl**, wenn jemand recht handfest auf etwas aufmerksam gemacht werden soll.

Goschen und Pappen

Einfaches Volk – ungerechterweise ordnet man heute diese Eigenschaft eher der Weiblichkeit zu – hat manchmal **eine Goschen wie ein Schwert!**. Abermals ein altes Landsknechtswort, das nichts mit dem legendären losen Maul der niederen Stände oder der berühmten Marktfrau Sopherl zu tun hat. Erstens führten Frauen keine Schwerter und schon gar nicht in der Zeit, als das scheinbar vulgäre Wort Goschen in die deutsche Sprache kam. Im 15. Jahrhundert wurde es noch als »Gusche« notiert, und diese Gusche ist nichts anderes als die Eindeutschung des alten italienischen Wortes goscia, was auf Deutsch Kehle bedeutet. Es waren die Landsknechte der Normandie, der Schweiz, Hollands und Deutschlands, die in Italien in den vielen Auseinandersetzungen für Kaiser und Päpste kämpften. Und die daher das damalige Italienisch in vielen Begriffen nach Norden transportierten. Wenn einer die goscia halten sollte, war gemeint, er möge sich die Kehle verschnüren und nicht bloß das Mundwerk halten. Im Süddeutschen, vor allem im Wienerischen ist ja das Mundwerk eigentlich »die Pappen«, was durch den Begriff »Pappenschlosser« für Zahnarzt bewiesen werden kann. Niemand würde für einen Dentisten das Wort Goscheninstallateur benutzen.

Hingegen ist **jemandem eine Goschen anhängen** der Ausdruck für eine unmissverständliche, klare, eindeutige und meist sehr unangenehme Ausdrucksweise, mit der dieser Jemand bedacht wird. Demjenigen oder derjenigen könnte man dann je nach Emotion **eine in die Goschen**, aber auch **in die Pappen hauen**, besser noch – um wieder auf das Landsknechtsdeutsch zu kommen – **die Schneid abkaufen**. Womit wir wieder beim Schwert wären, **das zweischneidig sein** kann, was bis heute jeder versteht, selbst wenn er kein geübter Fechter mehr ist. Denn an einer Waffe kann man sich bekanntlich selbst verletzen. Die Schneid im Sinne der Schneide, Mittelhochdeutsch snide, wurde über den Begriff der

»Der Zauber der Montur«, Graf Alfred Königsegg-Autendorf, k.k. Obersthofmeister Ihrer Majestät der Kaiserin Elisabeth

Schärfe im 18. Jahrhundert in den süddeutschen Dialekten zu einem Symbolausdruck für Mut und Kraft. In der zweiten Hälfte des 19. Jahrhunderts kam das Wort ins Militärwesen. Die Palette reicht vom **schnei-**

dig vorgetragenen Angriff über den **schneidigen Offizier** bis zum **schneidigen Aussehen,** was die schon genannten »feschen Monturen« und prunkvollen Uniformen beschrieb.

Eine schneidig vorgetragene Kavallerieattacke, wie es sie bis zum Ende des 19. Jahrhunderts gab, erfolgte nicht nur in geschlossener Formation, sondern auch in **voller Karriere**, was höchstmögliche Geschwindigkeit bedeutet. So ein Schnellritt wurde natürlich ebenso bei einem einzelnen Reiter, sei er Melder oder verwegener Avantgardist, eine »volle Karriere« genannt. Heute ist das Wort Karriere, das ursprünglich aus dem Lateinischen stammt und Wagenrennen bedeutete, voll ins berufliche Zivilleben übergegangen. Sogar die neumodische Eindeutschung in »Laufbahn« ist kein Widerspruch, weil die römischen Wagenrennen ja tatsächlich um abgesteckte Rennstrecken, also in Laufbahnen erfolgten.

Noch überraschender ist eine modische Grußform, die sich aus der Jugendkultur des ausgehenden 20. Jahrhunderts ins Allgemeingut verbreitet hat und ursprünglich militärischer Sitte entsprach: nämlich das berühmte **tschau**, das natürlich aus dem Italienischen kommt und richtig ciao geschrieben wird. Dieser Gruß, heute eher bei Verabschiedungen verwendet, war eine Begrüßungsform italienischer Offiziere der k. u. k. Armee. Schiavo bedeutet im Italienischen Sklave, Diener. Und die italienischen Leutnants fanden es chic, sich beim Salutieren in der norditalie-

nischen Mundart zu grüßen, was dann so viel bedeuten sollte wie »ich bin dein Diener!«. Die Österreicher verwendeten dafür das legere **servus**!, was unter
gleichrangigen Offizieren oder von höher rangigen an
subalterne gerichtet wurde. »Servus«, aus dem Lateinischen stammend, bedeutet ja auch nichts anderes als:
»Ich bin dein Diener.« Auf den Corsi, den Promena-
den, in den Kaffeehäusern, den Casinos, in den Bor-
dellen und wo man sich sonst als Mann in Uniform
traf, war man eben zwischen Triest und Lemberg, zwischen Innsbruck und Budapest **sehr commod**. Ein
Spruch, der über den strengen Ehrenkodex und die
unerbittliche Behandlung der Mannschaften in diesen scheingemütlichen Militärwelten nicht hinweg-
täuschen darf.

Später haben sich diese Sprachformen mit dem Über-
handnehmen des **preußischen Barras** rasch verändert, bis sie fast verschwunden sind. Erst bei Nostal-
gikern – älteren Offizieren des österreichischen Bun-
desheeres nach 1955, die sich als Nachfahren einer
k. u. k. Armeezeit fühlten – gab es noch manchmal die
alten traditionellen Grußformen zu hören. Übrigens
ist nichts weniger preußisch als das Wort Barras selbst.
Es stammt so gut wie sicher aus dem Französischen.
Lange wurde es einem Adeligen zugeschrieben, dem
Grafen Paul Jean François Nicolas Barras (1755 bis
1829), der in der Französischen Revolution und später in den Napoleonischen Kriegen als hoher Militär
eine Rolle gespielt hat und Truppenanwerbungen auf
Plakaten mit seinem Namen zeichnen ließ. Aber das

ist höchstwahrscheinlich nicht der wahre Hintergrund. Das ach so preußische Wort Barras kommt
vom französischen embarras, was Verlegenheit, missliche Sache bedeutet. Und es stammt von französischen Soldaten, die nach dem Ersten Weltkrieg im
besetzten Rheinland stationiert waren. Vom Rhein
kam der eingedeutschte Barras nach Berlin und von
dort beglückte er uns dann in der Geschichte des
20. Jahrhunderts in ganz Europa auf schrecklichste
Weise.

Kraftausdrücke mit Geschichte

Potzblitz und Sapperlot noch einmal! – auch militärische Kraftausdrücke haben ihre Geschichte. Beim
Potzblitz versteckt sich hinter dem Potz das Wort
Gott (siehe Kapitel »Im Anfang war das Wort«, Seite
77 ff.). Es mag überdies der besseren Verständlich-
keit beim Brüllen auf dem Schlachtfeld gedient haben, wenn man Potz statt Gott rief. **Sapperlot,** auch
sapperment kommt schon wieder aus dem Französischen, wobei hier sapper- der eingedeutschte Teil ist.
Im 15. Jahrhundert schrieb sich dieser martialische
Fluch noch »sackerlot« oder »sackerment«, wobei das
sacker aus dem französischen sacré herrührt, was heilig bedeutet. Die deutschen Silben -lot oder -ment
sollen dann nur mehr eine komplexe Gesamtheit an-
deuten. Im Sinne von »ach, du Heiligtum!«. Irgendwie wird damit wohl auch der Militärspruch **ach, du
heiliges Kanonenrohr!** zusammenhängen.

Dass etwas **unter jeder Kanone** sei, das hat wiederum mit dem Militär oder einem Geschütz überhaupt nichts zu tun. Es ist im Ursprung eine mittelalterliche Beurteilungsform für Lateinschüler. Wenn eine schriftliche Arbeit so schlecht war, dass sie gar nicht benotet werden konnte oder sollte, schrieb der gestrenge Lehrer darunter die lateinische Formel sub omnis canonis. Also »unter jedem Kanon, jeder bekannten Notenskala«. Nach heutiger Rede hätte eine solche Arbeit nicht einmal einen Pinsch, Fleck, Fetzen verdient. So ein Schüler ist möglicherweise **mit Bomben und Granaten** durchgefallen, was wieder eine militärische Redewendung ist. Die besten bestanden dafür **mit Pauken und Trompeten**, wie eben ein siegreiches Heer in ein erobertes Land einzog.

Zu den bis heute unvergessenen österreichischen »Militärzitaten« der Monarchie zählen fast selbstverständlich die beiden Namen der berühmtesten und legendärsten österreichischen Heerführer – Laudon für das 18. und Radetzky für das 19. Jahrhundert. **Fix Laudon Stern** ist vielen Gemütsäußerungen und Situationen zuordenbar: von der verblüfften Überraschung bis zur bedingungslosen Anordnung reicht da die Gelegenheit. Über das Entstehen der Phrase gibt es keine gesicherte Story, aber es dürfte schon mit einigen der folgenden historischen Tatsachen zusammenhängen. Freiherr Gideon Ernst von Laudon (1717–1790) kam 1743 aus dem russischen Militärdienst ins Österreich der Kaiserin Maria Theresia. Als Feldmarschall zeichnete er sich im Siebenjährigen Krieg (1756–1763) gegen Preußen durch seine außergewöhnlich offensive Kriegsführung aus, wobei es ihm sogar gelang, Friedrich den Großen 1759 bei Kunersdorf zu schlagen. Laudon wurde durch das Militärlied und durch das Volkslied schon zu Lebzeiten eine legendäre Gestalt. Und sein Name wurde mit militärischen Wundertaten und siegreichen Schlachten in Verbindung gesetzt. Beim Ausruf **Fix Laudon Stern!** wird es sich wahrscheinlich nicht um die Bedeutung von »mach schnell!« handeln, sondern viel eher um »sei fest!«, obwohl es Dutzende Anekdoten gibt, in denen angeblich die Kaiserin ihrem Feldherrn mit diesem Ausruf zu schnellen Kriegszügen ermuntert haben soll. Wie auch immer, nach Ende der Monarchie wurde »Fix Laudon Stern!« im Zivilleben weiter tradiert.

Johann Josef Wenzel Graf Radetzky von Radetz (1766 bis 1858) kennt die ganze Welt, denn der Radetzkymarsch von Johann Strauß Vater beendet jedes Jahr das Neujahrskonzert der Wiener Philharmoniker, das weltweit übertragen wird. Radetzky war zweifellos ein militärisches Genie, allerdings in einer anderen Form, als er heute gern betrachtet wird. Er hat nämlich nie einen Krieg gewonnen, war aber der größte Meister erfolgreicher Rückzüge. Tatsächlich war er es, der in vielen militärischen Auseinandersetzungen die österreichische Armee aus heillosen Debakeln halbwegs glimpflich herausgeführt hat. Und genau deshalb gewann er die Liebe der Soldaten, die den eigensinnigen und mit dem Kaiser Franz Joseph im Konflikt lebenden Greis fast zärtlich »Vater Radetzky« nannten. Da

Feldmarschall Johann Josef Wenzel Graf Radetzky von Radetz

bis zum Ende der Monarchie in der k.u.k. Armee
Überbürokratie, Schlamperei, aber auch präpotente
Misswirtschaft zu Tage traten, »bürgerte« sich ein
Stoßseufzer ein, den so gut wie jeder österreichische
Soldat, vom Rekruten bis zum Feldmarschall, kannte:

Vater Radetzky, schau obe! Diesen Stoßseufzer hört man heutzutage nur mehr in Beamtenkreisen, vom Sektionschef aufwärts.

Wie sehr dieser legendäre Radetzky der weiteren Monarchie gefehlt hat, konnte im Lauf der Geschichte schon relativ kurz nach seinem Tod leidvoll studiert werden. 1866 erlitt Österreich bei Königgrätz eine vernichtende Niederlage gegen Preußen, die die weitere Geschichte der Monarchie in vielen Aspekten prägen sollte. Eine der Hauptursachen des Desasters bildete die Ausrüstung der Preußen mit Hinterladergewehren, einer österreichischen Erfindung, die aber von den österreichischen Generalstabsoffizieren abgelehnt worden war. Da werde nur viel zu viel Munition vergeudet, war das Hauptargument. Die Preußen entwickelten also gegen die österreichischen Vorderladergewehre eine sechsfach höhere Feuergeschwindigkeit. Die Katastrophe war unbeschreiblich. Seit diesen Tagen hat sich in Wien eine andere Redensart mit fast tröstendem Charakter entwickelt: **Aber hörn'S doch auf. So schnell schießen die Preußen net ...!**

Hoppa, hoppa Reiter ...

Dass in Zeiten gesteigerter Kriegsbegeisterung wie zum Beispiel im Wilhelminischen Deutschland um 1900 das Militärwesen mit Macht in die Kinderstuben, vor allem die der Söhne einzog, ist historisch bekannt und hat in später aufblühenden nationalistischen Zeiten ebenfalls entsprechende Renaissancen gefunden. Wer will unter die Soldaten, der muss habe ein Gewehr ... und andere Highlights früher oft gehörter Kinderlieder geben davon reichlich Zeugnis. Aber dass der Krieg auch in den scheinbar harmlosesten Kinderversen steckt, ist Müttern und Großmüttern wohl kaum bekannt:

> *Hoppa, hoppa Reiter,*
> *wenn er fällt, dann schreit er!*
> *Fällt er in den Graben –*
> *fressen ihn die Raben,*
> *fällt er in den Sumpf ...*

Nun, welcher Reiter, besser gesagt welche Reiter sollten denn da wohl beschrieben oder sogar beschworen werden? Das sind nur scheinbar harmlose Kinderverse, wenn die Raben die Gefallenen in den Gräben fressen. Geht man in der Kinderliedergeschichte weiter zurück, finden sich hinter scheinbar harmlosen Einschlafversen – Schlaf, Kindlein schlaf, der Vater hüt' die Schaf ... – historische Bezüge, die die jeweilige Kriegssituation und die damit verbundenen Gefahren beschreiben. Im Dreißigjährigen Krieg sang man zu dieser Melodie zum Beispiel: Bet, Kindlein, bet! Morgen kommt der Schwed, morgen kommt der Oxenstern, der frisst die kleinen Kinder gern ... Wobei der Name Oxenstern niemand anderen als den gefürchteten schwedischen Reichskanzler bezeichnete. Im Revolutionsjahr 1848 sang man in Baden und in der Pfalz, wo 13000 Aufständische von preußischen Truppen niedergemacht wurden:

Schlaf, mein Kind, schlaf leis,
da draußen geht der Preuß,
deinen Vater hat er umgebracht,
deine Mutter hat er arm gemacht.
Und wer nicht schläft in guter Ruh,
dem drückt der Preuß die Augen zu ...

Dasselbe Schlummerlied für Kinder sang man an der »Waterkant« in Platt schon im 14. Jahrhundert – über den gefürchteten Seeräuber Klaus Störtebeker:

Slap, min Kind,
Störtebeker de segelt geschwind,
Sine swarte Flagge, de weit in'n Wind,
Slap, min Kind slap.
De Dänen Verheerer,
De Bremer Verteerer,
De Holländer Krüz,
De Holländer Stecken,
De Hamborger Krüz,
De Hamborger Schrecken.
Slap, min Kind, un lat dat Grienen,
un wenn dat Kind nich slapen will,
denn kümmt he öwer de Dünen.

Wenn die bunten Fahnen wehen ...

Kreuzt der doch plötzlich bei mir auf ..., empört sich ein Mensch über einen unerwarteten und offensichtlich unangenehmen Besuch, ohne zu erkennen, dass er sich in der Marinesprache ausdrückt. Selbstverständlich hat auch die Seefahrt viele Redewendungen in den zivilen Alltag vergangener Zeiten gebracht, und manche davon verstecken sich immer noch geschickt im Deutsch der Binnenländer. Aber ihre volle Tradition haben sie natürlich in den Küstenstädten, bei seefahrenden Nationen und vielleicht bis heute unter modernen Sportseglern. **In gutem Wind segeln, mit Volldampf vorauslaufen, sich den Wind um die Nase wehen lassen, wissen, woher der Wind weht, den Wind ins Gesicht bekommen, jemandem eine Breitseite verpassen, einen rettenden Hafen erreichen oder mit Mann und Maus untergehen**, das sind stehende Redensarten geblieben. Manchmal kann man auch in Büros und Werkstätten ärgerliche Chefs hören, die lauthals verlangen, **dass hier endlich klar Schiff gemacht werden möge**. In Österreich hat sich die Marine, deren Ende 1918 mit der Selbstversenkung des kaiserlichen Flaggschiffs »Viribus unitis« gekommen war, in zwei Ausdrucksformen erhalten. Die erste ist zwar nur optisch, hängt aber mit akustisch hochkünstlerischen Leistungen zusammen: Es sind die Matrosenanzüge der weltberühmten Wiener Sängerknaben. Die zweite ist eine Redensart, die noch ab und zu im Wienerischen benutzt wird: **Des gibt's auf kan Schiff!** Wenn die Wiener von ihrer Marine überhaupt etwas wussten, dann die Tatsache, dass an Bord alles nach strengstem Einheitsreglement geordnet war. Und wenn es etwas »auf keinem Schiff gab«, dann gab es dieses eben nirgends. Punktum und basta!

Man habe **jemanden über die Klinge springen lassen** sagt man oft genug ziemlich unbedacht. Ursprünglich bedeutete diese Redewendung nichts anderes als die Tötung eines Menschen, sei es im Kampf oder durch eine Hinrichtung mit dem Schwert. Das, was »über die Klinge sprang«, war der Kopf des Delinquenten. Übrigens hat diese Redensart schon Martin Luther zitiert, was sie aber nicht sympathischer macht. Das Militär mit seiner eigenen grausamen und unbarmherzigen Gerichtsbarkeit, seinen allgegenwärtigen Disziplinierungsmaßnahmen hat viele Spuren in unseren Redensarten hinterlassen. So muss man **für jemanden den Kopf hinhalten**, wenn man stellvertretend bestraft wird, was beim Militär oft genug geschah. Man hätte etwas **mit Hängen und Würgen gerade noch geschafft** sagt man, um anzudeuten, dass ein Ziel mit letzter Mühe erreicht worden sei. Abgeleitet ist die Redensart vom Tod am Galgen, wo die armen Sünder ihr Ableben unter äußerster Mühe, also durch Hängen und Würgen, erreichten.

Weit verbreitet war natürlich die Prügelstrafe. Wenn in Wien jemand ordentlich verhauen werden soll, so nennt man das **jemanden tüchtig salzen**. Diese Wendung geht auf die barbarische Sitte zurück, dass die Haselstöcke, mit denen die nackten Rücken der Soldaten geprügelt wurden, vorher in Salzwasser eingelegt wurden, um die Wundschmerzen zu vervielfachen. Die schlimmste Strafe für den einzelnen Mann, insbesondere für wieder eingefangene Deserteure, war das Spießrutenlaufen. Da musste der Delinquent die gesamte in Doppelreihe angetretene Truppe durchlaufen, wobei jeder Soldat ihm einen tüchtigen Hieb zu versetzen hatte. Wenige überlebten diese Züchtigung. Die Redensart **ich fühle mich wie bei einem Spieß-rutenlaufen** wird noch benützt, weist aber eher auf persönliche Beschämung als auf nur im geringsten vergleichbare körperliche Qualen hin.

Nur eine diesbezügliche militärische Chiffre hat sich als Redensart der Gegenwehr gegen Willkür und Un-terdrückung lange erhalten: **Dem gemma jetzt die Decke!** Die Decke war tatsächlich nichts anderes als eine der ärarischen Decken aus den Feldbetten, und ihr Einsatz war nötig, wenn Rekruten oder einfache Soldaten sich gegen einen leuteschindenden Ausbild-ner oder Unteroffizier wehrten. Dann wurde der Be-troffene nämlich nach einigem Auflauern bei passen-der Gelegenheit hinterrücks angefallen, die besagte Decke wurde über seinen Kopf und Oberkörper gezo-gen und jetzt erst hagelte es die Hiebe. So konnte der Bestrafte keinerlei Auskunft geben, wer die »Rächer« waren, und es konnte daher auch zu keiner Anzeige kommen. Die »Decke« wurde somit zum Symbol des Widerstands im Kommissbetrieb.

Von Schrot und Korn!

Dem Militär, dem Kriegshandwerk durfte man bis ins letzte Jahrhundert nachsagen, dass es ein ausschließ-lich männliches Refugium sei. Was allerdings schon in der Antike nicht ganz und überall stimmte. Aber seit es bei vielen Militärs dieser Welt Frauen in aktiven Diensten als Soldatinnen, Offiziere, Schiffskommandantinnen und Jagdbomberpilotinnen gibt, ist der traditionelle exklusive Männlichkeitswahn zumindest etwas angekrätzt. Das macht das Metier allerdings auch nicht sympathischer! Und in unserer Sprache lebt das Militär oft in überraschenden Winkeln und Ecken weiter, während es bei so mancher tönenden Phrase gar nicht Pate stand.

Männer von Schrot und Korn! seien sie, die alten Landsknechte, die echten Haudegen, die Ranger und »grünen Teufel« und wie sie sich sonst oft unfreiwillig komisch nannten und nennen. Aber die Redensart von Schrot und Korn hat mit Soldatentum gar nichts zu tun – und auch nichts mit der Landwirtschaft. Sie kommt aus dem Münzwesen. Schrot bedeutete das Gesamtgewicht einer Münze, und Korn das so genannte Feingewicht, also den Gehalt an Edelmetall wie Gold oder Silber in der Legierung. Die Kombination von »echt« mit »Schrot« und »Korn« meint also ein unverfälschtes Zahlungsmittel. Indirekt wurde es dann später auf die »Qualität« von Männern angewendet. Im Alltag wiederum sagt man über jemanden, der eine treffsichere Aussage macht, **er hat den Nagel auf den Kopf getroffen!**. Nun, das klingt nach Handwerksdeutsch und Geschicklichkeit mit Hammer und Nagel beim Zimmern oder Tischlern. Diese Redensart kommt allerdings nun wirklich vom Schießen. Beim Scheibenschießen, das auch im Zivilleben ein »paramilitärischer Sport« wurde, markiert

das absolute Zentrum der bunt bemalten Schützen-
scheibe ein eingeschlagener Holzkeil, den man den
Nagel nennt. Wer nun so genau schoss, dass er nicht
nur in den Zwölferkreis traf, sondern den innersten
Holzkeil hineintrieb, der hatte das Zentrum erwischt,
der war der Beste aller Schützen. Auf argumentative
Treffsicherheit wurde die Redensart erst später angewendet.

Zumindest in Beamtenkreisen ist nichts so bekannt
wie das berühmte **Schema F**, nach dem im Zweifels-
fall und bei jeder Möglichkeit vorgegangen wird. Also
ein administrativer Universalakt? Richtig, aber in
Wahrheit nichts anderes als der 1861 beim preußischen Militär eingeführte schriftliche Frontrapport.
Dies war ein täglich auszufüllendes Formular, das den
Truppenbestand nach der so genannten Kriegsstärke
zu melden hatte. Und das daher mit absoluter militärischer Geistlosigkeit stereotyp abgewickelt wurde.
Das Schema F hat daher keine Ministerialräte, sondern preußische Generalsröcke als Väter.

Selbst nach dem 20. Jahrhundert, nach den vernich-
tendsten und schrecklichsten Kriegen, die die halbe
Welt zerstört beziehungsweise verändert haben, ist
»Militärdeutsch« im Zivilleben höchst lebendig. Es
feiert die fröhlichsten Urständ bei den Sportkommen-
tatoren, vor allem im Fußball. Da gibt es **rollende
Angriffe**, **undurchbrechbare Sperrriegel**, **Bomben-
schüsse**, **Granaten ins Kreuzeck**, den Kampf **Mann
gegen Mann**, **Raumverteidigung** und nicht zu ver-

gessen viele, viele **Schlachtenbummler**! Übrigens ist eine immer wieder durch angebliche Augen- und Ohrenzeugen bestätigte Anekdote jenes berühmt gewordene Weltmeisterschaftsmatch zwischen Österreich und der Bundesrepublik Deutschland in Cordoba. Als der spätere Nationaltrainer und damalige Stürmerstar Hans Krankl zum Siegestor über Deutschland einschoss, da gellte aus dem Sektor der österreichischen Fußballfans ein vielstimmiger Triumphschrei: **Rache für Königgrätz!**

Wie hatte der grimmige Philosoph Herakleitos gesagt? Der Krieg ist der Vater aller Dinge …

Gut gebrüllt

Mein Name ist Hase, ich weiß von nichts ...

Zeile aus dem Refrain des Schlagers
»Mein Name ist Hase« aus dem 1971
entstandenen deutschen Spielfilm
»Tante Trude aus Buxtehude«,
Musik: Werner Twardy,
Text: Lilibert, gesungen von Chris Roberts.

Von Hasen, Hunden, Löwen, Affen
und anderen Viechereien im Sprachgebrauch

Wem **ein Hasenherz in der Brust schlägt**, wer **das Hasenpanier ergreift**, dem ist schon alles nachgesagt, was uns die Natur über den guten alten Mümmelmann, den Feldhasen erzählt. Er ist ein Fluchttier, dessen große Fruchtbarkeit sein Überleben ebenso sichert wie seine Laufgeschwindigkeit und die Taktik des blitzschnellen Hakenschlagens. Ein »Hasenherz« ist daher bei freundlichster Betrachtung ein äußerst vorsichtiger Mensch, im negativsten Blickwinkel schlicht und einfach ein erbärmlicher Feigling. Und er ist ein Mensch, der, wie der Schlagertext erzählt, nirgends anecken möchte, nichts gesehen und gehört hat und daher auch »nie und nimmer nicht« etwas weiß. Die Redewendung **Mein Name ist Hase, ich weiß von nichts** ist nicht erst durch den von Chris Roberts gesungenen Filmschlager in die Welt gesetzt worden. Der Text benutzt eine geradezu volkstümliche Phrase, die tatsächlich viel älter ist als der deutsche Unterhaltungsspielfilm. Reifere Semester erinnern sich bestimmt noch daran, dass der Refrain mit seiner simplen und eingängigen Melodie sofort zum Gassenhauer wurde, während die Strophentexte und letztlich auch der ganze dümmliche Film nicht zu großer Popularität gelangten. Außerdem hatte schon damals kaum jemand eine Ahnung, woher dieses Zitat vom scheinbar ahnungslosen Hasen wirklich stammt. Mit dem Feldhasen hat es nicht das Geringste zu tun.

1843 stand in Heidelberg ein junger Mann vor Gericht. Er hatte wegen eines Ehrenhandels einen Gegner im Duell getötet. Daraufhin hatte ihm ein Freund, der Jusstudent Viktor von Hase, zur Flucht nach Frankreich verholfen und ihm dafür sogar seine eigenen Papiere gegeben. Duelle, besonders mit tödlichem Ausgang, waren ja damals schon strengstens verboten und führten zur Anklage vor einem Kriminalgericht. Aber der Duellant wurde gefasst, und auch die Fluchthilfe flog auf. Bald standen die beiden jungen Herren vor den Schranken der Justiz. Um seinen angeklagten Freund in keiner Weise zu belasten, und um sich selbst nicht noch mehr in Teufels Küche zu reiten, verlegte sich der Jusstudent vor Polizei und Staatsanwalt auf folgende stereotype Aussage: »Mein Name ist Hase, ich verneine die Gegenfragen, ich weiß von nichts.« Der Prozess – die beiden angeklagten jungen Herren waren offensichtlich Vertreter des Kleinadels – wird wohl große Aufmerksamkeit genossen haben, und das Publikum begann sich über die immer wiederkehrende Aussageverweigerung des Herrn von Hase königlich zu amüsieren. Wie immer das Verfahren ausging, die Redensart »Mein Name ist Hase, ich weiß von nichts« wurde über die Region Heidelberg und Umgebung hinaus berühmt. Was nicht verwunderlich ist, denn Heidelberg als Universitätszentrum beherbergte Studenten aus ganz Deutschland. Vielleicht hat Viktor von Hase mit seiner Verteidigungstaktik auch schon vor dem Revolutionsjahr 1848 geradezu zeitgeistig eine Haltung vorgegeben, die nach dem Ende der deutschen Revolution so manchem Studenten den Hals gerettet hat. Nichts zu wissen, außer den eigenen Namen, ist ja vor Behörden und Gerichten bis heute eine häufig versuchte Praxis.

Hasenbrot und Hasentod

Eine scheinbar völlig vergessene, also aus dem Sprachgebrauch verschwundene alte Redensart dreht sich um ein merkwürdiges Nahrungsmittel – das so genannte Hasenbrot. **Der hat nicht einmal mehr das Hasenbrot** ... oder **da reicht auch das Hasenbrot nicht mehr** oder **die leben nur mehr vom Hasenbrot** .... In diesen und ähnlichen Formen wurde bildlich immer bitterste Armut zum Ausdruck gebracht. Hätte man aber die Großeltern, die so etwas noch im Munde führten, gefragt, was denn dieses ominöse Hasenbrot sei, hätte man möglicherweise nur ein Schulterzucken geerntet. »Das sagt man halt nur so ...«

Die Zusammenhänge gehen tief in die Geschichte zurück und sind ziemlich weitläufig. Im Frühmittelalter erschien in Byzanz ein erstes naturkundliches Lehrbuch mit kostbaren Malereien und handgeschriebenen Läuterungen auf edelstem Pergament. Darin wurde auch der Hase dargestellt, und die griechischen Autoren hoben bei diesem Tier besonders hervor, dass es im Schlaf die Augen offen hält. Eine absolut richtige Beobachtung. Dies fanden wiederum die Theologen des jungen Christentums so faszinierend, dass sie aus dem schlichten Feldhasen ein Christussymbol machten. Es gab zu dieser Zeit nämlich heftige Diskussionen und scharfe Auseinandersetzungen darüber, ob der gekreuzigte Christus, der nach drei Tagen im Grab auferstanden war, wirklich tot gewesen sei. Heute ist es für christliche Kirchen, insbesondere die römisch-katholische, ein Dogma – also ein fester Glaubensgrundsatz –, dass Jesus tatsächlich gestorben und daher als echte Leiche im Grab gelegen ist. Die »Auferstehung von den Toten« ist somit wortwörtlich zu verstehen. Das frühe Christentum versuchte sich das Auferstehungsphänomen hingegen auch anders zu erklären. Der Tod des Messias sei vielleicht nur eine Zwischenform zwischen Schlafen und biologischem Tod gewesen, schließlich könne der Tod eines Gottessohnes doch nicht so hundertprozentig dem Tod eines irdischen Menschen entsprechen. Und so kam der mit offenen Augen schlafende Hase als Symbol für den Tod Christi damals einigen Theologen ganz praktisch zupass. Die machten daher aus dem schlichten Feldhasen ein Christussymbol. So kam der Hase ins Christentum, und als Osterhase, als Symbol des auferstandenen Christus, ist er uns ja bis heute zumindest in Schokolade und Marzipan erhalten geblieben.

Im abendländischen Hochmittelalter hatte sich ein anderer antiker Brauch erhalten, nämlich die Opfergabe in Form von Gebildbroten. Darunter versteht man kunstvoll geformte, meist geflochtene Brote, die religiöse Symbole darstellten. Zwei Formen sind uns bis heute bekannt geblieben: das allgegenwärtige Brezel, das sogar das Symbol der Bäckerzunft wurde. Das Brezel ist nichts anderes als die vereinfachte Form der Gebetshaltung. Denn im Mittelalter beteten die Menschen nicht mit zusammengelegten Handflächen, sondern mit überkreuzten Armen, die über der Brust lagen, so dass die Finger die Schultern berührten. Das zweite überkommene Gebildbrot ist der beliebte Striezel, der als Allerheiligenstriezel und natürlich als Osterstriezel eine lange kulinarische Tradition hat. Die Striezelform, die gerne als »Zopf« bezeichnet wird, ahmt tatsächlich geflochtene Haare nach, denn in der Antike waren abgeschnittene lange Haarzöpfe für manche Göttinnen willkommene Opfergaben. Im christlichen Mittelalter trug man die Gebildbrote – und da gab es noch viele andere Formen wie Herzen, Kreuze, Kränze – nicht mehr in vorchristliche Tempel, sondern ließ sie in der Kirche weihen, um sie dann den Patenkindern zu schenken. Dahinter steckte bereits ein durchaus funktionierendes Sozialsystem. Die Paten – althochdeutsch Goden – waren meist wohlhabendere Menschen, die ihre Patenschaft für Kinder ärmerer Familien ausübten. Die Patengeschenke zu den bestimmten Feiertagen oder kirchlichen Festen bedeuteten im wahrsten Sinne des Wortes Sozialhilfe. Bis heute sind ja Taufgeschenke oder Firmungsgeschenke im Brauchtum erhalten geblieben. Im Mittelalter wurden aber nicht so wie heute Geld oder Uhren übergeben, sondern die köstlich duftenden, frisch gebackenen und priesterlich geweihten Brote. Bei den Osterbroten hatte sich die byzantinische Symbolfigur des Hasen erhalten. Entweder besaß das ganze Brot die Form eines sitzenden Hasen, oder eine Hasenfigur war auf der Oberseite des Brotes mitgebacken worden. Und genau das war das so genannte Hasenbrot, das sich zumindest dem Wort nach bis weit in die Neuzeit erhalten hat.

Bis in die jüngste Vergangenheit schrecklicher Hungerzeiten brauchte nicht so wie heute eigens betont zu werden, dass es sich bei Brot um ein kostbares Geschenk handelt. Die Patenkinder vergangener Jahrhunderte, aber auch alle anderen Menschen dieser Zeiten hätten nie ein Stück Brot missachtet oder gar verkommen lassen. Gegenüber der Grundnahrung der Armen, dem Getreidebrei, bedeutete das Brot eine hohe Delikatesse. Das Hasenbrot war also nichts Minderwertiges, das zur Verfütterung an die Karnickel vorgesehen gewesen wäre. Es war wie alle anderen Brot- und Patengaben Existenz erhaltend. Daher wurde in großer Armut und Not die Redensart sinnhaft, dass nicht einmal mehr das Hasenbrot zur Verfügung stehe oder ausreiche. In unseren Zeiten, wo für den Konsum von Brot und Gebäcken sogar extra Werbung gemacht werden muss, wo viele Menschen meinen, dass eine altbackene Semmel nicht mehr genussfähig sei, kann die existenzielle Bedeutung der

Redensart vom Hasenbrot daher kaum mehr nach-
vollzogen werden.

Wo der Hase aus Fleisch und Blut in der Redensart
mitspielt, dort kommt sein Schicksal als jagdbares
Wild zum Ausdruck. **Da liegt der Hase im Pfeffer!**
sagt man, wenn man auf ein Problem gestoßen ist. Im
Ursprung meint aber die Redensart, dass etwas – symbolisch der Hase! – erledigt ist. Hasenpfeffer ist ein
alter küchentechnischer Begriff für eine Speise, die
wir heute Hasenragout nennen würden. Als »Pfeffer«
wurden im alten Küchendeutsch alle Speisen bezeichnet, bei denen klein geschnittene Fleischstücke in
Soßen zu Tisch kamen. Zufällig sind viele dieser Ge-
richte mit Pfefferkörnern gewürzt, und vor allem
Wildbret und daher auch der Hase werden vor der
Zubereitung in Gewürzlaken (Sud) eingelegt, also ge-
beizt. Der Hasenpfeffer ist daher doppelsinnig richtig.
Und was klein geschnitten, aromatisch und fein ge-
dünstet auf den Tisch kommt, das **ist gegessen**, also
erledigt. Um den Hasen in den Pfeffer zu bekommen,
muss man ihm aber zuerst **das Fell über die Ohren
ziehen**. Eine Redensart, in der der Hase nicht mehr
unmittelbar vorkommt, deren Sinn aber natürlich
jeder versteht.

Eine andere waidmännische Weisheit vom Tod des
Hasen ist bis heute höchst lebendig: **Viele Hunde
sind des Hasen Tod!** Denn selbst dem Hasen, diesem
scheinbar uneinholbaren Sprinter, der seine Verfolger
mit blitzschnellem Hakenschlagen abschütteln kann,
gelingt es nur, sich gegen eine begrenzte Anzahl von

Viele Hunde sind des Hasen Tod

Verfolgern zu schützen. Wer also, so meint die Redensart, zu viele Gegner auf sich zieht, der wird zum Opfer und geht unter, auch wenn er noch so gut rennen kann. Übrigens bedeutet das anfangs zitierte **Hasenpanier** den berühmten Hasenschwanz, richtigerweise Blume genannt. Wer dieses **Hasenpanier er-**

174

greift, der ließe sich vom Hasen in seiner großen Geschwindigkeit mitnehmen, der könnte ebenso schnell wie Meister Lampe **Fersengeld geben**.

Womit wir abschließend zum Thema Hase bei einem ganz anderen Tier wären, nämlich bei der »Ferse«. Das ist im Ursprung nämlich nicht das hinterste Ende unseres Fußes, sondern eine Färse, eine junge Kuh, die noch nicht gekalbt hat. Die kann keineswegs so schnell laufen, aber ... Die germanische Rechtsordnung des Mittelalters sah die Möglichkeit einer Ehescheidung durchaus vor, obwohl die christliche Kirche sie natürlich ausschloss. Ein Ehemann, der sich

Die Färse, die Ziege und das Schaf mit dem Löwen

gütlich von seiner Frau trennen wollte, musste – so sagt es der Sachsenspiegel – als Trennungs- und Bußgeld versne penninge bezahlen, also den Geldwert einer jungen Kuh. Und der war nicht gering. Im Hochmittelalter des 13. Jahrhunderts verwendete man diesen Ausdruck schon symbolisch als heimliche Flucht aus einer Herberge, durch die man sich die Bezahlung ersparte. In den Folgejahrhunderten wurde der Begriff in Richtung Bußgeld oder als Flucht vor dem Feind interpretiert, weil man auf alte antike Formulierungen zurückgriff, wo das »Zeigen der Fußsohle« eben Reißausnehmen bedeutete. Es ist doch amüsant festzustellen, dass sich in unseren Redensarten im Kern so viele Tiere verstecken ...

Wie Hund und Katz

Dass Hunde und Katzen von Natur aus Feinde seien und ihre Begegnung als Symbol für feindliches Zusammenleben zwischen Menschenpaaren herangezogen wird, das ist purer Unsinn, wie jeder Tierliebhaber weiß. Und natürlich ist es durchaus machistisch, dass gedanklich mit dem Hund – bekanntlich der älteste und treueste Freund des Menschen – der Mann verbunden wird, während die Katze als Frauensymbol herhält. Denn die Katzen haben in unserer Vorstellungswelt viele Verhaltensweisen, die sich alle um Eros und Sex drehen. Wahrscheinlich hängt das nicht nur mit ihrer scheinbaren Putzigkeit und Schmeichelhaftigkeit zusammen, sondern bereits mit den Mythen ihrer Herkunftskultur, des alten Ägypten. Doch zuerst zu den Hunden.

Der Hund als Schimpfwort in Kombination mit Eigenschaftswörtern von »krumm« bis »falsch«, »feig« oder »blöd« ist völlig unverständlich, wenn wir seine Freundschafts- und Kameradschaftsrolle von der Frühzeit des Menschen an in Betracht ziehen. In vielen Funktionen vom Blindenhund, Lawinenhund bis zum Polizeihund und als »Kommissar Rex«-TV-Liebling und Quotenkaiser ist uns der Hund so sehr ans Herz gewachsen, dass er häufig stark vermenschlicht wird. Als Schimpfwort, als Schandtier kam er in unsere Kultur erst über die Begegnung mit den islamischen Völkern Arabiens und der Türkei. Dort gilt der Hund als unrein, und als Straßenköter wird ihm all das zugeordnet, was den Kreis des Schimpflichen umschließt. Aber auch im Abendland taucht der Hund in zwei Redensarten auf, die Schlimmes ausdrücken.

Wenn jemand **auf den Hund gekommen** ist, dann bedeutet das zumindest wirtschaftlich seinen Ruin. Doch wie kommt der Hund zur Pleite? In alten Geldtruhen oder in den moderneren »eisernen Kassen« war am Boden ein Hundebild aufgemalt – symbolisch als treuer Wächter und Verteidiger des Wohlstands und Besitzes seines Herrn. Dieses Bild konnte man nicht sehen, denn darauf lagen ja die Gold- und Silbermünzen oder die Banknotenbündel und deckten es ab. Wenn sich aber nun eine solche Kassa leerte, wenn das Geld ausgegeben war, dann war man op-

tisch im wahrsten Sinn des Wortes »am Boden ange-
langt« und daher auf das Bild des Wächterhundes
gestoßen. Der Hund wurde somit zur Verkörperung
der absoluten Kassenebbe. Wenn jetzt nichts Retten-
des geschah, konnte es sein, dass jemand überhaupt
und endgültig **vor die Hunde ging**. Die Redensart
vom »vor die Hunde gehen« bedeutet aber nun noch
Schlimmeres, nämlich das existenzielle Ende eines
Menschen, später auch einer Sache oder einer Firma.
Ist hier eine Hundemeute gemeint, die den Unterge-
henden wie einen Hasen mit den Zähnen zerreißt?

Keineswegs, diese Hunde sind nämlich im Ursprung
keine Tiere, sondern die Bergwerkskarren und Stollen-
wagen, die bis heute den Namen **Hunte** tragen. Mit
diesen Hunten werden der Abraum, das wertlose
Gestein, aber auch das Erz, die Kohle oder das Salz aus
dem Stollen transportiert: heute eine voll elektrifi-
zierte Transportbahn, die meist automatisch funk-
tioniert. Nur ab und zu sieht man auf der Zugma-
schine noch einen Bergmann sitzen, der als Lokführer
fungiert. Aber bis zur Technisierung von Bergwer-
ken wurden die Hunten von Menschen gezogen. Da
die Stollenquerschnitte klein waren, mussten diese
menschlichen Zugtiere auf allen vieren kriechen. Eine
schreckliche Arbeit, die man meist Gefangenen oder
Sklaven oder den Elendsten der Elenden zuordnete.
Wer »vor den Hunten ging«, dessen Lebenszeit war
meist kurz bemessen. Daher stammt die Redewendung, die durch Umschreibung auf die Hunde, die
hier gar nichts zu schaffen haben, und durch eine

Veränderung der Syntax bis zur Unkenntlichkeit und zur Ungerechtigkeit bezüglich unserer braven Hunde entstellt wurde.

Für eine Unsumme von Hunderedensarten mögen hier drei exemplarische erwähnt werden: **aus jedem Dorf ein Hund** sagen Kartenspieler, wenn das Blatt in ihren Händen so überhaupt keine brauchbare Kombination enthält. Und Hausfrauen, vielleicht auch Metzgergesellen riefen früher ärgerlich: **Dieses Messer schneidet, wie ein toter Hund beißt!** Ein durchaus plastischer Vergleich, wenn man das Gebiss eines Hundes als tüchtiges »Schneidewerkzeug« zugrunde legt. **Da liegt der Hund begraben** kann man von einem hören, der glaubt, auf den Kern eines Problems gestoßen zu sein. Im Ursprung ist damit aber das Auffinden eines vergrabenen Schatzes gemeint. Schätze wurden gemäß den Sagen und Mythen meist von schwarzen Hunden bewacht. (So einen Wächterhund kennt man ja auch vom Boden der Geldkasse, wie bereits erzählt.) Die Wächterhunde vergrabener Schätze allerdings waren Symbolfiguren für den Teufel selbst, hatten dementsprechend ein fürchterliches Gebiss, glühende Augen und eine lange rote Zunge. Da der vergrabene Schatz aus Gründen abergläubischer Vorsicht mit dem »vergrabenen Hund« sprachlich gleichgesetzt wurde, kam es zur Redewendung vom begrabenen Hund, die heute jeder kennt, aber deren legendenhaften Hintergrund keiner mehr weiß.

Zuletzt noch ein Beispiel aus der großen Kitschkiste: **Hoamatland, Hoamatland, di han i so gern, wiar a Kinderl sei Muatter, a Hünderl sein Herrn ...**, so beginnt textlich die oberösterreichische Landeshymne, und wenn Kindesliebe mit Hundesliebe zur Heimatliebe verschmolzen wird, dann hat der Mundartdichter Franz Stelzhamer eben das andere Ende der Vorurteilslatte zum Thema Hund benutzt. Es mag komisch klingen und literarisch platt sein, aber es wärmt das Herz, während wir unseren vierbeinigen Liebling zwischen den Ohren kraulen.

Schlauer Rotrock

Selbstverständlich ist noch ein Streifzug in die Wildnis nötig, denn gerade dort leben Kaniden, wie alle hundeartigen Wesen zum Unterschied von den katzenartigen Feliden heißen, die sich in unseren Redensarten Platz gemacht haben. Reinecke Fuchs, der Ritter Rotrock, ist ein klassisches Fabeltier und von Äsop bis Goethe haben die hochrangigsten Literaten sich darum bemüht, ihm Eigenschaften wie Schlauheit, List oder auch eine besondere Art präpotenter Dummheit anzudichten. So ist also **der Fuchs, dem die Trauben zu sauer sind**, zum Symbol für einen heuchlerischen Menschen und der **Fuchs, der die Gans gestohlen hat**, zum ewigen Kleinkriminellen geworden. Charakterzüge, die mit dem wirklichen Fuchs in der wahren Natur nicht das Geringste gemein haben. Wenigstens indirekt hingegen hat der

Ausdruck **ganz ausgefuchst** mit Meister Reinecke zu tun. Der Begriff kommt aus der Waidmannssprache und bezeichnete jene speziell ausgebildeten Hunde, die in der Fuchsjagd eingesetzt wurden. Vor allem Terrier oder Teckel, die darauf spezialisiert waren, die Füchse aus ihren Bauten heraus und genau vor die Büchse der Jäger zu treiben. So eine Hundeausbildung dauerte lange, und die erreichten Kenntnisse wurden auf menschliche Fähigkeiten und Qualitäten im Beruf »umgelegt«.

Unzählig aber sind Ausrufe wie **wie mich das fuchst!** oder ähnliche Formulierungen, die alle auf hohen Ärger hindeuten. Im Extremfall kann ein Mensch sogar **fuchsteufelswild** werden, wenn ihn ein **erbärmlicher Federfuchser** ärgert. Mit Letzterem ist ein subalterner Beamter gemeint, der griesgrämig und unwirsch seine Umgebung ärgert. Wie die Beschreibung zeigt, ein Menschentypus früherer Zeiten. Denn im moderneren Dienstleistungsstaat kann es solche BeamtInnen ja gar nicht mehr geben.

Aber alle letztgenannten »Füchse« haben nichts mit Meister Reinecke zu tun, sie kommen aus dem Mittelhochdeutschen fucken, fuckeren, fuckelen. Das bedeutete stoßen, puffen und belästigen. Noch früher war damit »wildes Hin- und Herfahren« gemeint, also in jedem Fall Ausdrucksformen des Ärgers. Im Ursprung ist der gute alte Federfuchser ein Mensch, der nicht seine Mitmenschen, sondern sich selber über seine niedrigen Schreibarbeiten ärgert. Wenn **etwas**

vom Fuchs mit dem Schwanz gemessen wurde,
wenn also eine Wegstrecke als zu kurz beurteilt wurde,
dann allerdings stand wieder der echte Fuchs bildlich
im Wort.

Liebenswürdiger Isegrimm

Der größere Verwandte, Meister Isegrim, hat sprachlich gesehen wie auch in der freien Wildbahn ein
noch schlimmeres Schicksal. Der Wolf steht für so
ziemlich alles Negative, das man in Märchen und Redensarten einem Wesen unterstellen kann.
In Wahrheit sind Wölfe, das zeigt uns die moderne
Verhaltensforschung, liebenswürdige und soziale Ru-
deltiere, deren Kinderpflege vorbildlich erscheint.
Manche Redensarten mit und um den Wolf gehören
zur gehobenen Bildungsschicht, weil er da als lupus
bereits in lateinischen Zitaten auftaucht (siehe Kapitel
»Bei de bessern Leit«, Seite 59). Auch der Vergleich,
dass **jemand mit den Wölfen heult** ist eher abschätzig von oben auf Menschen gerichtet, die kritiklos
einer ungebildeten Masse zustimmen. Dieselbe Redensart wird übrigens auch gegenläufig, von unten
nach oben, angewendet, wenn damit zum Ausdruck
gebracht werden soll, dass man sich als »kleiner Mann
mit denen da oben« meinungsmäßig gut stellen
müsse. In diesem Fall sitzen die heulenden Wölfe halt
in den Machtpositionen, sind deswegen aber nicht
sympathischer. **Der Wolf im Schafspelz** oder **der
Wolf, der Kreide gefressen hat**, all das sind weitere

Der Löwe, der Wolf und der Fuchs

aus Märchen und Fabeln stammende Redensarten, die schon klar für sich sprechen, aber dem wirklichen Wolf, der gar nicht »böse« sein kann, ein völlig verzerrendes Denkmal setzen. Hier nachträglich in der deutschen Sprache political correctness einzufordern oder gar durchsetzen zu wollen, ist ganz bestimmt **für die Katz!**

Vom Zimmertiger zum Katzenjammer

Womit wir bei den Zimmertigern und Salonlöwen wären. **Naschkatzen** müssen nicht näher beschrieben werden, **Geldkatzen** sollten feist und prall gefüllt sein. Letztere, also die Gürtelinnentaschen, in denen Kaufleute und Reisende früher ihre Taler und Dukaten zur Sicherheit vor Dieben verwahrten, haben mit den Katzentieren nichts zu tun – obwohl immer wieder vermutet wird, dass diese geheimen Geldtaschen aus Katzenfell gemacht worden sind. In Wirklichkeit steckt dahinter die gute alte italienische cassa, die sich zur Katze verballhornt hat. Beim **Katzenjammer** ist es ähnlich, wenn auch noch banaler. »Kotzenjammer« ist das deutsche Wort, das dahintersteckt. Und das beschreibt ziemlich genau die Situation eines **Katers**, der nach überreichlichem Alkoholgenuss auf dem Fuße folgt. Auch das ist keine männliche Katze, das ist die Vereinfachung des griechisch-medizinischen Begriffs katarrh als ursprüngliche Definition dieses Zustandes. Jemandem **eine Katzenmusik machen** bildete im Biedermeier noch eine politische Demonstration, bei der missliebigen Politikern nächtlich vor den Fenstern ein Höllenlärm mit Musikinstrumenten dargeboten wurde. Das Wortspiel geht natürlich auf das ebenfalls sehr unmelodiöse nächtliche Geschrei zurück, das Katzen beim Liebeswerben erzeugen.

Ganz besonders irreführend aber ist die österreichische, vor allem wienerische Bezeichnung für Menschen aus Italien: **Des saan de Katzlmacher!** Eigentlich ist es als Beschimpfung gemeint, denn es unterstellt, dass Italiener entweder Katzen um ihres Fells wegen fangen und töten würden oder sogar essen könnten. Erstens ist davon sowieso nichts wahr und zweitens haben die, die diese Bezeichnung immer noch abschätzig und verächtlich verwenden, natürlich keine Ahnung, woher sie stammt. In den Gebirgstälern Norditaliens, im Friaulischen vor allem, haben die Bergbauern über den Winter als Nebenerwerb die Holzschnitzerei betrieben. Ebenfalls italienische Wanderhändler brachten diese einfachen, aber nützlichen Erzeugnisse, vor allem Küchengeräte, auf die Märkte nördlich der Alpen und insbesondere der Kaiserstadt Wien. Die Holzschnitzer selbst oder auch deren Händler nannten sich nach dem am häufigsten hergestellten und am besten verkauften Küchengerät, einem einfachen Holzlöffel, der italienisch cazzo hieß. Sie waren also im italienisch-deutschen Radebrech cazzimaker, die Löffelmacher. Die Geschichte der Italiener als Wanderhändler und Wanderarbeiter in der k. u. k. Monarchie füllt mehrere Geschichtsbücher und volkskundliche Publikationen im Umfang halber Bibliotheken (siehe Kapitel »Stadtgespräch«, ab Seite 15). In Wien hat sich der Begriff »Italiener« so weit gehalten, als er früher für alle Eissalons benutzt wurde, denn die meisten Speiseeiserzeuger kamen aus Südtirol. Die »Katzlmacher« blieben aber dem Wanderproletariat anhängig, gleichgültig, ob sie als hoch geschätzte Steinmetzarbeiter an den Ringstraßenpalais arbeiteten oder als »Salamutschiverkäufer« im Wiener Volksprater in den Wirtschaften

Salamischeiben verkauften. Mit Katzen haben die als Katzlmacher im Ursprung gar nicht abfällig genannten italienischen Bauernburschen also überhaupt nichts zu tun.

Fußballer, Soldaten und Könige

Auch bei den Großkatzen gibt es von alters her Missverständnisse und Bedeutungsverwechslungen mancherlei Art. Wobei die größte und stärkste aller Raubkatzen, der Tiger, im alten europäischen Sprichwort so gut wie keinen Platz einnimmt. Das ist in Asien natürlich anders, weil der Tiger dort mythischen Charakter hat. Als Beinamen, also als Eigenschaftsschmuck, taucht der Tiger erst im 20. Jahrhundert im Sport auf. Eine Reihe legendärer Goalkeeper des Fußballsports bekamen solche Beinamen für ihre Sprungkraft und die Gewandtheit ihrer Paraden. Und im Militär ist der Beiname Tiger für Soldaten oder ganze Einheiten auch erst im 20. Jahrhundert modern geworden. Die berühmteste literarische Figur ist diesbezüglich der Polizeichef von London namens Tiger Brown in der Dreigroschenoper. Bert Brecht zeigt mit dieser Namensgebung den typischen ehemaligen englischen Kolonialsoldaten auf. Darüber hinaus ist die Redensart **wie eine Tigerin ihre Jungen** zum gängigen Vergleich für Mütter geworden, die sich schützend und verteidigend vor ihre Kinder stellen. Und das ist doch ein sympathisches Beispiel.

Im Unterschied zu den Tigern sind die Löwen, vor allem der Löwe, in das Repertoire der Redensarten ziemlich stark eingedrungen. Wobei dieser angebliche König der Tiere so ziemlich gegen jede Wirklichkeit seines natürlichen Lebens verwendet wurde. Wer **sich in die Höhle des Löwen wagt**, der tritt sinngemäß in eine gefährliche Situation ein, zumindest aber vor die Augen eines unberechenbaren Gegners. Die Redensart stammt aus einer Szene der Fabeln Äsops, in der der Fuchs den kranken Löwen besucht. Die wortwörtliche Übernahme der Fabelszene zeigt, dass die Europäer des Mittelalters vom Leben der Löwen nichts wussten, denn Löwen leben bekanntlich nicht in Höhlen. Zur selben Zeit entstand die Mode, Fürsten und Monarchen mit Löwentiteln zu versehen. Das bekannteste Beispiel ist sicherlich Richard I. von England, genannt Löwenherz. Ein ehrender Beiname, sollten wir meinen – aber weit gefehlt! Heute verbinden wir mit dem Löwen Eigenschaften wie Mut, Edelsinn, Tapferkeit, Stärke, hohes Ansehen. In den modernen Chiffren vom **Salonlöwen** oder **Partylöwen** klingt das zumindestens gesellschaftlich noch nach. Aber zu König Richards Zeiten hatte der Löwe einen ganz anderen Stellenwert. Er galt als reißende Bestie, als blutgierig, rachsüchtig, hinterhältig und gemeingefährlich. Auch eine widernatürliche Ansicht, die sich allerdings bis in die verfilmten Tarzangeschichten gehalten hat, wo die Löwen immer die Bösewichte in der Natur abgeben. Jedenfalls hat der heute so hoch verehrte Richard Löwenherz seinen Beinamen tatsächlich wegen dieser, der negativen Deutung, bekommen. Denn er war ein fürchterlicher, ein rachsüchtiger Despot, ein hinterhältiger Politiker und hat mit dem Bild, zu dem ihn spätere Generationen und Dutzende Robin-Hood-Filme hochstilisiert haben, so gut wie nichts gemein. Arme Löwen, selbst wenn die Verwendung ihres Namens richtig adressiert war, haben die hineingelegten Eigenschaften doch nie ihrer wahren Natur – Bequemlichkeit, Faulheit und manchmal überraschend hohe Intelligenz – entsprochen.

Nattern und anderes Gezücht

Ihr Schicksal teilen die Löwen mit einer anderen Spezies aus der freien Natur, die zu Unrecht noch weit mehr im Verruf steht: den Schlangen. Durch das Christentum sind sie zum Symbol des Bösen und der Falschheit schlechthin geworden. Obwohl in Asien die giftigste aller Schlangen, die Kobra, das Tier der höchsten Weisheit ist, sind Schlangen im Abendland schlichtweg falsch, ein verachtenswertes »Gewürm«, oder einfach ein »Gezücht«. Wer die Vertreibungsgeschichte aus dem Paradies aber genau liest, der muss zur Kenntnis nehmen, dass der Verführer von Eva und Adam nicht die Schlange an sich ist, sondern Satan, der die Gestalt der Schlange angenommen hat, weil die Schlange, so die alte Bibel, das klügste Tier im Paradies war. Da merkt man die ursprüngliche Verbindung zwischen Vorderasien und dem Fernen Osten, aber was hilft's. Trotzdem hat der Schöpfergott dann die Schlange verflucht, als wäre sie die eigentliche Schuldige. Dabei hat sie doch nur ihr »Kostüm verliehen«.

Begriffe wie **Schlangengrube**, **Schlangenlist** oder **Schlangenfraß** prägen unsere reptilischen Redensarten. Wobei beim Schlangenfraß wahrscheinlich gar nicht die Schlangen Pate gestanden haben. Das Wort dürfte sich von »schlingen« ableiten, also eine Kost beschreiben, die man bestenfalls hinunterschlingen, aber kaum genießen kann. Zur Rehabilitation der Schlangen sei noch auf das Symbol der Heilkunst hingewiesen: Es ist die sich um den Stab des griechischen Gottes Asklepios windende Schlange, ein Zeichen, das sich heute bei jeder Apotheke findet. Und der weise Rabbi aus Nazareth, der Gottessohn Jesus Christus selbst war derjenige, der bei der Entsendung seiner Jünger die angeblich so bösen Schlangen ins rechte, nämlich gerechte Licht setzte. Bei Matthäus 10,16 heißt es nämlich: »Darum seid klug wie die Schlangen und ohne Falsch wie die Tauben!« Dass die lieben Täubchen, die doch heutzutage das Symbol des Friedens und der Eintracht bei Jesus »falsche Ludern« sind, ist überraschend, aber es zeigt von schärferer Beobachtungsgabe in der Natur. Denn Tauben sind natürlich auch unschuldige Wesen, aber in ihrem Sozialverhalten untereinander von grober Rücksichtslosigkeit.

Schandbares Affentheater

Auch unsere nächsten Verwandten im Reich der Natur finden sich in Redensarten wieder. **Eine wahre Affenliebe** bezeichnet ein besonders inniges Verhältnis zwischen Kindern und Müttern. Wenn die lieben Kleinen allerdings lästig werden und allerlei Schabernack, Jux und Tollerei treiben, dann heißt es empört: **Was ist denn das für ein Affentheater!** Affen kamen »in den Volksmund«, als fahrende Gaukler, Scherenschleifer und Leierkastenmänner ab dem 18. Jahrhundert dressierte Äffchen, meist Meerkatzen, mit sich führten und Monarchen und Fürsten in ihren Schlossgärten die ersten Menagerien einrichteten. Aus der Art, wie Affenmütter ihre angeklammerten Jungen mit sich trugen, wie die aufmerksame Fellpflege vor sich ging, entwickelte sich das Wort von der Affenliebe. Da Schausteller, aber auch Tierpfleger in den Menagerien die Affen zu allerhand Kunststücken dressierten – die Affenfütterung ist ja bis heute in den Zoos ein beliebter Termin für Jung und Alt –, entstand wiederum der Begriff des Affentheaters. Und weil die kleinen Meerkatzen recht einsam auf ihren Sitzstangen beim Scherenschleifer hockten, wurde in Wien und im süddeutschen Raum für einen unbequem Sitzenden die Redensart **der sitzt da wie der Aff am Schleifstein!** bis heute verbindlich.

Bleiben uns exemplarisch noch zwei merkwürdige Wendungen: **Das ist ja eine Affenschande!** und **Steht nicht herum und haltet Maulaffen feil!**.

Gleich gesagt – die Schande und die Mäuler haben mit Affen nichts zu tun. In beiden Redensarten steht das niederdeutsche Wort aapen, also offen, dahinter. Eine aapenschan war im 16. und 17. Jahrhundert eine offensichtliche, also für alle erkennbare Schande, zum Beispiel das »liederliche Liebesleben des einfachen Volkes«. Und ein aapen mul, ein offenes Maul, vor allem des Staunens und Gaffens, kommt aus derselben Zeit. Dass aus aapen später Affen wurden, tröstet insofern, als nicht nur fremdsprachige Begriffe im Deutschen verballhornt wurden. Der Affe gab aber noch zwei Erscheinungsbildern seinen Namen. **Einen Affen mit sich tragen** bedeutete für Soldaten bis ins 19. Jahrhundert das Tragen eines Tornisters. Wahrscheinlich hat sich das bildlich von jenen wandernden Gauklern abgeleitet, die ihre Affen auf den Schultern mit sich trugen. **Einen Affen haben**, das ist schon etwas ganz anderes, nämlich eine Ausdrucksform für Trunkenheit, besser für einen handfesten Rausch. Die Drolligkeit der dressierten Affen beim Imitieren des menschlichen Ganges dürfte dabei Pate gestanden sein. Denn die natürliche Fortbewegungsform eines Affens ist ja höchst elegant und behände. Vielleicht meinten die Wiener aber auch die bloße Tatsache, dass der Betrunkene sich auf allen vieren durch die Gegend bewege und dass dies dem Affen ähnlich sei. Möglicherweise spielte die Wendung jedoch nur auf Ähnlichkeiten im Gesichtsausdruck an. In jedem Fall kein ehrender Vergleich für die Affen.

Das Schicksal der Bären

Der kommt ja daher wie ein Tanzbär! Meister Petz hatte kein leichtes Schicksal mit den Menschen, obwohl er schon in der Steinzeit als magisches und mystisches Wesen verehrt wurde. Seine Fähigkeit, sich auf die Hinterfüße aufzustellen, machte ihn, und das kann man bis in die Märchenwelt verfolgen, zum Symbol für den Menschen, oder zum verzauberten Menschen. Jedenfalls haben bereits in der Antike Schausteller und Wanderkünstler – später übernahmen diese Rolle Zigeuner – einem staunenden Publikum dressierte Bären vorgeführt, die zum Klang von Musikinstrumenten »Tanzschritte« vollbrachten. Diese Tanzbären wurden mit Hütchen und anderen Kleidungsstücken herausgeputzt, ihre leicht schlingernden und breitbeinigen Schrittbewegungen amüsierten das Publikum, und so ist die Redensart verständlich, die tapsig auftretende und übertrieben herausstaffierte Gecken beschreibt.

Die Bärendressur früherer Zeiten war eine grausame. Davon zeugt die Redewendung, dass einer **wie ein Bär g'haut** wird. Die Bärenführer sparten im Angesicht ihres Publikums bekanntlich nicht mit »aufmunternden« Stockschlägen. Die Bären nahmen dies mit scheinbar stoischem Gleichmut hin. Das hängt mit ihrer spezifischen Eigenschaft zusammen, innere Gemütszustände nicht in der Körpersprache auszudrücken. Moderne Tierdompteure, die ohne Gewaltmethoden vorgehen, bestätigen, dass Bärendressur gefährlicher ist als die Arbeit mit Großkatzen. Denn ein Bär zeigt äußerlich nicht im Geringsten jenen Zustand an, dem im nächsten Moment ein Angriff folgt. Eine Raubkatze setzt da vorher ein ganzes Repertoire an Ausdrucksmitteln zur Warnung ein. Und da die Bären in Wut und Schmerz im Zirkus immer gleich »lustig« aussahen, entwickelte sich eine dümmliche Aufmunterung für leidgeprüfte junge Menschen: **Tua da nix an, weil a Bär want net!** Ein im Kern selbstverständlich unintelligenter Volksspruch. Nicht nur was den pädagogischen Wert der Aussage, sondern auch was das Verständnis des Meister Petz betrifft, der, wie Tierfreunde wissen, als so genannter König des Waldes in der Natur ausdrucksvoll klagt und weint, wenn ihm danach ist.

Eine andere Redensart zeigt die Bären als liebevolle und liebenswürdige Eltern: **Das ist ein ungeleckter Bär!**, sagte man früher über Jünglinge, die sich nicht zu benehmen wussten oder einfach dumm waren. Dieser Vergleich geht von der Vorstellung aus, dass Bäreneltern ihre Jungen bis zum Erwachsensein sorgfältig pflegen, ihnen also stets das Fell lecken. Ein wohlerzogener junger Mann war daher ein **geleckter Bär**, was in vergangenen Zeiten als Kompliment galt. Ein anderes »Bärenwort« hat sich erhalten, nämlich das vom **Wüten wie die Berserker**. Die Berserker sind ein sagenhaftes Kämpfervolk des Nordens, vor allem in altisländischen Geschichten. Ber bedeutet Bär und serkr Kleidung, Kleid. Die sagenhaften Berserker, die zornentbrannt und rücksichtslos mit bloßen Fäusten und ohne Schilde kämpften, waren also Krieger, die in Bärenhäute gehüllt waren. Übrigens hatten und haben alle Naturvölker dieser Erde die Angewohnheit, sich mit Fellen mächtiger Tiere zu bekleiden, um damit symbolisch deren Kraft zu übernehmen. Bei den von Tierschützern heiß bekämpften feinen Pelzmänteln handelt es sich offensichtlich um Relikte dieser alten Vorstellung in der modernen Mode.

Sprachwissenschaftlich ungeklärt ist das Auftauchen des Bären in der Gaunersprache, die auf dem alten Rotwelsch, der mittelalterlichen Geheimsprache der Vagabunden, fußt. Bär ist in der Unterwelt die Bezeichnung für einen Tresor oder Safe. **Gemma an Bärn reißen!** bedeutet in der Wiener Ganovenszene soviel wie: »Lasst uns doch einen Tresor knacken ...« Was umso Erfolg versprechender ist, wenn der in Rede stehende Geldschrank ein **Nullerbär** ist, also im Handumdrehen – in Nullkommanix! – aufzubrechen ist. Es gibt zwar einige kühne Theorien, wie der Bär zur eisernen Kassa wurde, aber gesichert ist davon keine. Vielleicht steckt das Jiddische peri dahinter, was Erwerb bedeutet. Den Erwerb haben Kaufleute und Wohlhabende ja in eisernen Truhen, später Tresoren aufbewahrt.

Und dann gibt es noch Bären, die redensartmäßig an- oder aufgebunden werden. Hier muss man fein unterscheiden: **Bei jemandem einen Bären anbinden** bedeutete, bei diesem Menschen Schulden zu machen. Man habe dem Herrn Wirten einen Bären angebunden, sagten früher Studenten, wenn sie die Zeche schuldig blieben. Die Redensart ist ausgestorben, die Sitte wohl nicht. Aber **jemandem einen Bären aufbinden**, also ihm eine Lügengeschichte auftischen, ist heute noch häufig in Verwendung. Hier gibt es Theorien, dass diese Redensart aus dem Waidmännischen kommt, so wie andere Jägerweisheiten, zum Beispiel, dass man das Fell des Bären nicht teilen oder verkaufen kann, bevor er erlegt sei. Beim aufgebundenen Bären handelt es sich aber bestimmt nicht um das gleichnamige Tier. Bar ist ein altes niederdeutsches Wort für Traglast, aber auch für Abgabe. Dieses bar steckt auch in den Worten »gebären« und »Gebärmutter«. Nun ist eine Lügengeschichte, die ein anderer für wahr hält, so etwas wie eine Last, die man ihm aufbürdet. Es gibt ja auch die Redewendung, dass **man jemandem die Hucke volllügt**. Das alte Wort »Hucke« bedeutet nichts anderes als den gekrümmten Tragrücken des Menschen, und das ist genau der Ort, an der ihm der Bär – die Lügenlast – mit aufgebunden wird.

Zuletzt eine Bärengeschichte, aus der eine Redensart entstammt, die sehr häufig zitiert wird. Wenn man **jemandem einen Bärendienst leistet**, so ist damit gemeint, dass man etwas Gutes beabsichtigt, aber mit der Ausführung dem Betroffenen letztendlich einen Schaden zufügt. In dieser Phrase steckt nun tatsächlich ein Bär, und das auch noch in einer recht heiteren Geschichte, die zu den so genannten alten Volkserzählungen gehört. Tief in einem dunklen unwegsamen Wald lebte einst – so die Erzählung – ein frommer Mann als Einsiedler, um ungestört seinem Herrn und Gott zu dienen. Da lief ihm eines Tages ein verwaistes Bärenjunges zu, und der Einsiedler nahm das Tier freundlich auf. Zwischen den beiden entstand eine Freundschaft. Sie verstanden einander so gut, dass der herangewachsene Bär den frommen Mann in allerlei Dingen zur Hand ging. Eines heißen Sommers gab es eine große Mückenplage und der Einsiedler konnte deswegen nicht schlafen. Also bat er seinen Freund, den Bären, ihm während des Schlafs die Mücken zu verscheuchen. Das tat das gute Tier auch, allerdings in einer besonderen Form: Der Bär begann, nach den lästigen Mücken Steine zu werfen. Damit ist die Geschichte eigentlich schon zu Ende, denn jedermann kann sich denken, dass der Einsiedler erst recht nicht zum Schlafen gekommen ist, weil er ständig von Steinen getroffen wurde. Somit war ihm von seinem Freund eben »ein Bärendienst geleistet« worden. Und daher heißen alle Hilfeleistungen, die mehr Schaden als Nutzen erzeugen, in unserem Sprachgebrauch Bärendienste. Womit wir die Wildtiere verlassen und uns den braven Haus- und Nutztieren zuwenden.

Von der Kuhhaut und dem Amtsschimmel

Das gute Rindvieh hat sich schon in römischer Zeit in bekannte Redensarten gedrängt, weil diese aber Lateinisch zitiert werden, gehören sie zur Bildungsschicht und werden an anderer Stelle erörtert (siehe Kapitel

»Bei de bessern Leit«, Seite 59 f.). Im täglichen Leben haben sich zwei Weisheiten erhalten, die von Rindviechern handeln. **Eine Kuh, die man melken will, muss man auch füttern.** Das wird beim Thema Steuerzahlen, Steuerbelastung und Abgabenpolitik immer wieder sinnhaft zitiert. Auch dass man **dem Ochsen, der da drischt, nicht das Maul verbinden darf** (5. Buch Moses 25,4) ist ein häufig verwendetes Bibelzitat, dessen sich wohlgenährte Familienväter gerne bedienen, wenn ihnen die sorgenvolle Ehefrau aus gesundheitlichen Bedenken eine Abmagerungsdiät verordnet. Im Zeitalter der dinks – double incomes, no kids – allerdings eine Verteidigungsstrategie, die angezweifelt wird und ins Wanken gerät.

Alles, was einen zumutbaren Rahmen übersteigt, was zum großen Ärgernis wird oder geworden ist, **das geht auf keine Kuhhaut mehr.** Hinter diesem Zornesruf stecken eine alte Vorstellung und ein altes Schreibmaterial. Beim Jüngsten Gericht, also bei der endgültigen Be- oder Verurteilung des Menschen vor Gott, bringe, so stellte man sich vor, der Teufel als Ankläger das jeweilige Sündenregister der armen Seele zum Vortrag, das er auf Pergamentrollen aufgeschrieben hat. Pergament wurde aus Tierhäuten erzeugt, und eine Kuhhaut ergibt eine sehr große Fläche oder Rolle des kostbaren Pergaments. Ein außergewöhnliches Sündenregister, so der Ursprung der bildhaften Rede, nimmt nun mehr Platz ein als auf einem so großen Pergament überhaupt zu notieren ist, es geht also über die Kuhhaut hinaus.

Wer den **Stier bei den Hörnern packt**, der geht ein Problem, eine Gefahr, eine Bedrohung direkt und ohne Angst an. Die Redensart, die im Deutschen erst in der zweiten Hälfte des 19. Jahrhunderts auftaucht, ist, was ihre Herkunft betrifft, ungeklärt. Möglicherweise geht sie auf kultische Spiele zurück, die bis in frühantike, in minoische Zeit, reichen. Jünglinge, die über Stiere springen, findet man auf vielen alten Abbildungen. Stierläufe als Mutproben für Männer und Jünglinge gab es auch im mittelalterlichen England. Im spanischen Pamplona fordert so ein Stierlauf bis heute jedes Jahr Dutzende Verletzte, manchmal sogar Tote. Der Stier als religiöse Symbolgestalt, als Gottheit, ist hier direkt gemeint. Im Süddeutschen und im Österreichischen gibt es aber noch einige andere »Stiere«, die ganz Unterschiedliches bedeuten. Da gibt es Menschen, die **stier dreinschaun**, **stiere Zeiten**, in denen nichts los ist oder die Geschäfte schlecht gehen, Menschen, die Pleite, also **total stier** sind, und ganz üble oder schreckliche Situationen oder Berichte, die als **ganz stiere Gschichten** benannt werden. Nur, alle diese »Stiere« beziehen sich nicht auf die männlichen Exemplare der Gattung Rind. Hinter dieser Formulierung steckt vielmehr das mittelhochdeutsche Wort sterre, was starr oder erstarrt bedeutet. Stieren ist also ein starres Schauen, ein stierer Mensch ist finanziell unbeweglich, erstarrt, so auch die Zeit, in der die Geschäfte unfreiwillig ruhen. Und bei bösen Geschichten erstarrt der Zuhörer vor Schreck. Wen aber **so etwas stiert**, das heißt ärgert, der ist nicht starr, sondern fühlt sich gestört. Dieses Stieren kommt also vom Stören.

Wer wie **ein Ochs vorm neuen Tor** dasteht, der ist in alten Gewohnheiten gestört und daher verwirrt. Wer **büffelt und ochst**, der arbeitet schwer, und daher wurde dieser Begriff zuerst auf die Studenten und später auf die Schüler umgemünzt, die den erforderlichen Lernstoff in harter Arbeit auswendig lernen müssen. Der heute gebräuchlichste Stier, **der Bulle** als scheinbar neudeutsches Wort für Polizist ist dafür wiederum kein Rindvieh – das wäre ja Amtsehrenbeleidigung! Hinter dem und den Bullen steckt höchstwahrscheinlich das althochdeutsche Wort bulla, was »Verordnung« oder »Sendschreiben« bedeutet. Die Päpste des Mittelalters schleuderten des Öfteren »Bullen über die Alpen«, also Sendschreiben gegen Kaiser und Könige nach Norden. Die Vorstellung, dass die Heiligkeiten Polizisten über Bergkämme katapultiert hätten, wäre erstens technisch absurd und zweitens einfach zu komisch. Jedenfalls ist es ja bei der Polizei selbst schon längst Mode geworden, die p.t. Exekutivorgane Bullen zu nennen, ohne dass damit eine Beleidigung verbunden wäre.

Womit als erstes der edlen Rösser unserer Sprache der **Amtsschimmel** auftaucht, der **wiehert**, oder auch **geritten** werden kann. Aber dieses höchst unbeliebte Tier ist kein Ross und schon gar nicht ein weißes. Hinter dem Schimmel steckt das Wort simile, vom lateinischen similis, was »ähnlich« bedeutet. Simile ist das alte Wort für gleichförmige Schriftstücke beziehungsweise immer wieder kopierte Amtsvorlagen, also Formulare. Da seit alters die Verwaltungen auf alte Vorlagen zurückgreifen und sich nur ungern etwas Neues einfallen lassen, wurde aus dem allgegenwärtigen Amtssimile der sprachlich ähnlich klingende Amtsschimmel mit all seinen dazugehörigen spöttischen Formulierungen.

Pferde, wirkliche Rösser, haben natürlich in unserer Sprache deutliche Spuren hinterlassen, denn jahrtausendelang waren sie unsere wichtigsten Reit- und Zugtiere. Das Automobil konnte sie bis heute, was den Sprachgebrauch betrifft, nicht verdrängen, wie ein wenn auch nur kursorischer Streifzug gleich beweist. **Ein Pferd vom Schwanz aufzäumen** ist eine völlig verkehrte Vorgangsweise, mit **jemandem Pferde stehlen zu können** zeigt beste Kameradschaft, weil so ein Unternehmen natürlich extrem riskant war. Wer **sich aufs hohe Ross setzt**, der meint, etwas Besseres zu sein, und redet daher **in hochtrabenden Worten**. Wer durch Intrige oder Autorität jemanden entmachtet, **der hat ihn aus dem Sattel gehoben**, und wer jemandem bei Aufstieg und Karriere hilft, **der ist sein Steigbügelhalter**. Der Steigbügel hieß früher Stegreif. Wenn ein Edelmann, ein Monarch, ein hoher Offizier aufs Pferd stieg, dann gab es logischerweise zwei »Redepositionen«. Vorher stand er **auf dem Boden der Wirklichkeit**, aufgesessen sprach er in seiner Funktion als Kommandeur vom schon erwähnten hohen Ross aus. Dazwischen aber stand er mit einem Bein im Steigbügel, also dem Stegreif. Wenn ihm dabei noch etwas einfiel und er es ungeplant, aus der Situation heraus und spontan äußerte, so sprach er **aus dem Stegreif**. Die so genannte Stegreifrede, eine rhetorische Situation, die Politiker und Funktionäre meist fürchten und selten gut beherrschen, hat ihren Namen davon. Bei der Stegreifrede kann es einem schlechten Redner nämlich passieren, **dass plötzlich ein Pferdefuß hervorguckt**. Dieser Pferdefuß, eigentlich müsste es Huf heißen, gehört aber keinem edlen Ross, sondern ist ein Bein des Teufels. Die Redensart deutet also darauf hin, dass in irgendetwas ein Teufelchen, ein unangenehmes Detail steckt.

Wir haben die besten Pferde im Stall! sagten früher patriarchalische Firmenchefs mit gebotenem Stolz über ihre Mitarbeiter und fügten mit ironischem Lächeln häufig gerne hinzu: **Und die machen natürlich auch den meisten Mist!** Eine Redensart, die in Zeiten, wo MitarbeiterInnen bereits als Dateien auf zwei Beinen angesehen werden, fast völlig verschwunden ist. Aber dass man mit Pferden – wenn sie symbolisch für Menschengruppen stehen – vorsichtig umgehen muss, das wissen nicht nur die echten Pferdezüchter. **Immer sachte mit den jungen Pferden!**, sagt man vornehmlich in Berlin, **mocht's ma net die Pferd scheu!** hört man weiter südlich. Und wenn einmal jemandem die Nerven reißen und er in Rage gekommen ist, dann sagt man schlicht: **Mit dem sind die Gäule durchgegangen!** »Bei Preußens«, also beim deutschen Militär, gab es einen soldatischen Merksatz, der sich im Lauf der Geschichte und der leidvollen »Zusammenarbeit« während zweier Weltkriege natürlich auch in Österreich verbreitet hat: **Lasst die Pferde denken, die haben den jrößeren Kopp!** Damit wurde dem einfachen Mann, früher Kavalleristen, einerseits eine Art Denkverbot signalisiert, andererseits der Intelligenzquotient der Offiziere, die ja zumeist beritten waren, unter Kritik gestellt.

Pferde sind, das wissen Tierfreunde und -kenner genau, sehr sensible und empfindliche Wesen. Aber man ist in der Vergangenheit mit ihnen sehr rücksichtslos und grob umgegangen. Wie könnte man sonst verstehen, dass jemand, der alles aushält, **eine Rossnatur hat** oder dass eine radikale Therapie eben **eine Rosskur** ist. Jedenfalls waren Pferde immer auch von hohem Besitzwert, gleichgültig wie edel oder jung sie gewesen sein mochten. Denn **einem geschenkten Gaul schaut man nicht ins Maul!** sagt man noch heute, wenn man meint, dass man eine gute Gabe nicht allzu kritisch untersuchen soll. Das »ins Maul Schauen« ist nämlich für den Fachmann die einzige Möglichkeit, das wahre Alter eines Pferdes an seinen Zähnen ohne zu Zuhilfenahme von Papieren und Dokumenten festzustellen.

Wer auf seine Reserven achtet, wer nicht alle Mittel vorschnell riskieren will, der wird **nicht das letzte Pferd aus dem Stall holen.** Und wer sich weigert, irgendetwas zu tun oder irgendwo hinzugehen, **den bringen keine zehn Pferde** da hin. Diese Redensart deutet natürlich darauf hin, dass Pferde im Gespann als Zugtiere eingesetzt wurden und zu Repräsentationszwecken und zum Vergnügen dies auch heute noch so ist. Gespannpferde müssen besonders gut zusammenarbeiten und ihren Kutscher verstehen. Das Fahren eines Viererzuges oder gar eines Sechserzugs bedeutet eine hohe Kunst für alle Beteiligten, für den Kutscher ebenso wie für die Rösser. Eine der gefährlichsten Situationen beim Gespannfahren ist die, wenn ein Pferd aus Unwillen oder Ungeschick mit dem Huf in die Bespannung hineintritt, also **über die Stränge schlägt**. Das kann die Kutsche sogar zum Umstürzen bringen. Daher wurde diese Redensart zum Inbegriff undisziplinierten Verhaltens und ist bis heute lebendig geblieben.

Übrigens ist die Abfahrt eines stattlichen Gespanns eine eindrucksvolle Sache. In den Wildwestfilmen zählen die Szenen mit den guten alten overlands, den stage coaches mit den feurigen Sechsergespannen, zu den eindrucksvollsten. Aber auch im guten alten Europa bildete die Abfahrt eines »gelben Wagens« – hier waren es Viererzüge vor den Postkutschen – stets eine starke Szene für Schaulustige und Gaffer. Die Postillons haben das natürlich ausgekostet und sind unter Peitschengeknalle und Posthorngeschmetter in scharfem Trab angefahren, während sie es später auf der Landstraße sicher gemütlicher rollen ließen. Von diesen eindrucksvollen Abfahrten aber blieb die bis in die heutige Jugendkultur reichende Jubelmeldung: **Menschenskinder, da geht die Post ab!** Postkutschen und Lastfuhrwerke mussten auch beschwerliche Wege, vor allem steile Straßen überwinden. An solchen Stellen warteten bezahlte Pferdebesitzer mit ihren Tieren, um dem Fahrzeug zusätzlichen **Vorspann zu leisten**. Ein Begriff für Hilfeleistung oder Hilfestellung, der sich bis zum Zeitalter der Lokomotiven erhalten hat, dann aber in **Vorschub leisten** gewandelt wurde. Diese Redensart steht heute auch für so etwas wie sicherstellende Rückendeckung. Schließlich wurden ja Hilfslokomotiven nicht vorgespannt, sondern am Zugende angekoppelt. Zuletzt eine »Pferdemetapher«, die heute vergessen ist, aber mit trefflicher Beobachtung die soziale Situation der Armut und Not beschreibt: **Wo die Krippe leer ist, da beißen sich die Gäule!**

Aufgescheucht und gackernd: Szenen aus dem Leben des Federviehs

Im Hühnerhof ist es kaum anders, denn bei Futtermangel beginnen die Hennen aufeinander einzuhacken. Redensarten aus dem Leben des Federviehs gibt es selbstverständlich zahlreiche, vom **gackernden Geflügelwerk**, wie man im Biedermeier boshaft Jungmädchengrüppchen bezeichnete, bis zu den **aufgescheuchten Hendln** als Symbol für planlos durcheinander laufende Menschen.

Die Jungmädchenwelt in ihrer Erscheinungsform mit »Geflügel« gleichzusetzen ist natürlich wenig charmant. Obwohl aus derselben Tierszene auch große Zärtlichkeiten erwachsen sind. **Mei Pipihenderl!** gehört zu den verbreiteten österreichisch-bajuwarischen

Koseformen für Mädchen, und das ist nun weiß Gott herzlich gemeint. Die Bezeichnung für junge Damen hat im späten 19. Jahrhundert dann innerhalb des Tierreichs das Biotop gewechselt – die Bezeichnung **Backfisch** setzte sich für weibliche Teenager im bürgerlichen Sprachgebrauch durch. Dabei handelt es sich aber um keine Zubereitungsform, denn junge Mädchen wurden auch in früheren Zeiten nicht paniert und in Fett herausgebacken. Das Wort Backfisch stammt aus dem Angelsport und meint ein gefangenes Fischchen, das noch nicht die vorgeschriebene Fanggröße erreicht hat. Dieser Fisch wird daher wieder ins Wasser zurück-, also back geworfen. Wobei back durchaus deutsch ausgesprochen wurde. Damit sind menschliche Backfische junge Damen, die »noch keinen vollen Fang darstellen«. Streng genommen auch keine schmeichelhafte Bezeichnung.

Zurück in den Geflügelhof. Da kamen besonders die Hähne ins Gerede, als Sinnbild für Eitelkeit und Dominanz. **Er stolziert wie der Hahn am Mist!** ist ein solcher Vergleich, den jeder versteht, auch wenn er Geflügel nur mehr bratfertig aus der Tiefkühltruhe kennt. Der **Hahn im Korb** wiederum ist natürlich eine begehrte Rolle, denn diese meint einen meist jungen Mann, der bei den Damen im Mittelpunkt steht. Wie kam es zu diesem sprachlichen Vergleich? Ein Hahn im Geflügeltransportkorb ist ja eher zum Verkauf, wenn nicht gar zur Schlachtung vorgesehen. Nun, die Volkskunde weist in mehrere Richtungen, was die ursprüngliche Deutung der Redensart betrifft.

Der Hahn am Mist

Am sinnfälligsten scheint ein alter ländlicher und längst vergessener Osterbrauch zu sein. Die unverheirateten Frauen und Mädchen eines Dorfes mussten bei diesem Spiel mit verbundenen Augen und einem Stock in Richtung einer Vielzahl von Körben schlagen oder werfen. In einem dieser Körbe saß ein Hahn. Die Jungfrau, die diesen Korb traf, bekam den »Hahn im Korb« geschenkt, und es galt als Omen, dass sie sehr bald geehelicht würde. Verständlich, dass dieser Hahn bei allen Jungfrauen begehrt war.

Apropos Ehemann ... **Zum Hahnrei gemacht werden**, das gilt als schimpflich. Das Wort »Hahnrei«

ist ein alter Begriff für den Kapaun, den kastrierten Hahn. Daher wurde er symbolisch ursprünglich für Männer verwendet, die ihren ehelichen Pflichten nicht mehr nachkommen konnten oder wollten. Zum betrogenen Ehemann wandelte sich die Bezeichnung durch eine andere Methode des »Hahnenverschnitts«. Um in der Hühnerschar einen Kapaun zu kennzeichnen, pflegten die Verschneider die abgeschnittenen Sporen des jungen Hahnes dem Tier in den Kamm zu setzen. Dort wuchsen diese fest und wurden als »Hörner« bezeichnet. Daraus stammt die Formulierung, **dass einem Ehemann Hörner aufgesetzt werden** und daraus die Sinndrehung der Bezeichnung Hahnrei für den gehörnten, also betrogenen Ehemann. Ein übles Schicksal, aber wer hat behauptet, dass das Leben im Hühnerhof nur Scherz und Tollerei und Eierlegen sei?

Der Hahn taucht aber auch noch in anderen Formulierungen auf, die Unangenehmes verheißen. Da ist einmal **der rote Hahn auf dem Dach**, was seit alters ein brennendes Haus meint. Wahrscheinlich kommt der Vergleich vom grellroten Hahnenkamm, aber es gibt viele verschiedene Deutungen, von denen einige sehr weit hergeholt sind. Zweifellos ist der Hahn ein altes germanisches Symbol des Lichts, denn er kräht ja bei den ersten Strahlen der Morgensonne. Aus diesem Grund gilt er auch als Wächter über Haus und Hof, was den Wetterhahn auf Kirchturmspitzen und Hausgiebeln erklärt. Die Legende, dass ein brennender Hahn durch seine Flucht über die Dächer einmal

207

eine halbe Stadt angezündet habe, ist sicherlich konstruiert und nicht haltbar. Merkwürdig aber ist die Verbindung zu einem anderen »roten Hahn«, nämlich einem Gauner- oder Bettlerzinken. Diese Zinken – nicht zufällig spricht man auch von gezinkten Karten – sind geheime Zeichen, die fahrendes Volk, darunter Bettler und Diebsgesindel, an Haustüren oder Torpfosten heimlich eingeritzt oder aufgemalt haben. Es gibt sie heute noch da und dort zu finden, aber der Nichteingeweihte erkennt sie kaum. Diese Geheimzeichen besaßen wichtigen Mitteilungswert. Sie gaben Auskunft, ob in diesem Haus, an diesem Ort freigebige oder böse Menschen wohnten. Ob Geld im Haus aufbewahrt wurde, ob man ein Nachtquartier erhielt und vieles andere mehr. Einer der markantesten Gaunerzinken war der so genannte »rote Hahn«. Rot deshalb, weil er mit einem Rötelstift aufgemalt wurde. Dieses Zeichen bedeutete: Vorsicht! Hier wirst du nicht freigehalten, hier werfen sie dich hinaus. Es fand sich daher hauptsächlich an den Eingängen von Wirtshäusern. Mit dem »Feuer am Dach« hatte das Zeichen weder direkt noch indirekt etwas zu tun. Dafür würden wir es heute mit »Achtung – Lokalverbot!« übersetzen. Und so scheint es auch in Verwendung volkstümlicher Rede geblieben zu sein. **Der hat den Hahn!** bedeutet heute einen Hinauswurf, Hausverbot oder schlichtweg eine Entlassung. In Wien hat die Redensart noch einen kleinen fremdsprachlichen Umweg genommen: Im Kroatischen heißt der Hahn kokos (sprich kokosch). Und da für die Wiener Mundart typisch ist, dass harte Konsonanten ganz weich artikuliert werden, heißt es daher auch heute noch verbreitet: **Der hot den Gogosch!** Eine Redensart, die für Abweisungen aller Art steht.

Ein zweites Erklärungsmodell für den Hahn, den Gogosch, wäre natürlich auch eine amtliche Urkunde. Delogierungsbefehle trugen zu allen Zeiten Amtsstempel, in der Monarchie war es der Doppeladler. Es wäre denkbar, dass dieser »Hoheitsvogel« volkstümlich zu einem simplen Hahn reduziert und verspottet worden wäre. Und dass sich die Redewendung daher aus einem amtlichen Papier entwickelt hätte. Dafür gibt es aber keine Belege. Der Ursprung im alten Gaunerzinken ist wahrscheinlicher, vor allem weil er viel weiter zurückreicht. Und außerdem gibt es eine Spottform für den Amtsadler, die sich mit dem guten alten Hahn nicht deckt: Bei Pfändungen wird der auf den Pfändungsvignetten prangende Bundesadler als Kuckuck bezeichnet. Ein Vogel, der sich weder symbolisch noch zoologisch mit dem Hahn in Zusammenhang bringen lässt.

Bei jeder Hetz dabei:
das animalische Spektakel

Der Mensch muaß a Freid haben! lautet ein wienerischer Stehsatz, der aus dem Barock stammt. Es handelt sich höchstwahrscheinlich um eine Verszeile aus einem alten Soldatenlied, die sich als Volksweisheit selbstständig gemacht hat. Das Volk braucht und brauchte zu allen Zeiten seine Unterhaltung, was die römischen Caesaren schon im Richtsatz panem et circenses, mit Brot und Spielen klar definiert haben. Im gesamten bajuwarischen Sprachraum nennt man das Volksvergnügen **eine Gaudi**. Auch das ist im Ursprung lateinisch. Gaudium ist die Freude, das Vergnügen. In Wien aber entstand die Redewendung von der **Hetz**. Eine echte Hetz kann vieles sein, aber auf jeden Fall ist sie ein hohes Vergnügen. Dass hinter diesem Wort, hinter dieser Redensart Tiere stehen, ist heute kaum mehr bewusst. Und dass diese Tiere ein schlimmes, grausames und schreckliches Schicksal erlitten haben, schon gar nicht.

In Wien gab es »animalische Spektakel«, die so genannten Hetztheater. Das waren kleine Arenen, in denen »zur Gaudi« Tiere aufeinander gehetzt wurden. 1708 wurde ein kleines Hetztheater in der Leopoldstadt errichtet, 1736 eines am Heumarkt. 1755 wurde dann das große Hetztheater gebaut, eine hölzerne Arena für 3000 Besucher. Dieser Rundbau hatte ein gemauertes Portal, drei Galerien und Balkone für Musikkapellen. Es stand im dritten Wiener Gemeindebezirk an der heutigen Adresse Hetzgasse 2. Die Veranstaltungen waren großartig besucht, trotz hoher Eintrittspreise. Ab 1770 kamen die Einnahmen der Armenkasse zugute, so verfügte es die kaiserliche Theatraldirektion. Die Darbietungen waren gemäß Zeitzeugenberichten erbärmlich und grausam. Hunde zerfleischten ungarische Ochsen, Bären, Wölfe, sogar Löwen, Panther und Wildschweine wurden zu blutigen Kämpfen getrieben. Auf den Balkonen spielte während der Darbietungen eine türkische Musik auf. Da hatten also die Wiener »ihre Hetz«. Die Wiener, von denen man doch sagt, sie seien so liebenswürdig, gemütlich, freundlich und mitleidig.

Diese Wiener ließen allerdings auch sonst kein blutiges Spektakel aus. Schließlich waren die öffentlichen Hinrichtungen die bestbesuchten Veranstaltungen aller Zeiten. Am 1. September 1796 brannte das große Hetztheater endlich ab. Dabei kamen leider fast alle der gehaltenen Raubtiere um. Nur ein Füchslein konnte seinem Käfig entfliehen und war schlau genug, sich in der Mitte der Arena, in den Sandboden hinein, schnell eine Höhle zu graben. Solcherart geschützt, überlebte es das Großfeuer und »guckte nachher ganz posierlich aus seinem Loche heraus«, wie ein Bericht erzählt. Leider gab es für diesen Fuchs kein Happyend, denn er wurde dem Vernehmen nach wieder eingefangen. Die Ära des ekelhaften Tierhetztheaters war jedoch vorüber. Das Theater wurde nicht mehr aufgebaut, denn Kaiser Franz II. verbot die weitere Abhaltung von Tierhetzen. In Österreich blieb bis heute »die Hetz« im Sprachgebrauch – unschuldig, weil niemand mehr an den historischen Hintergrund denkt.

Körpersprache

Ein Geizhals fiel in einen Fluss, der tief
und reißend war. Ein Fischer, der das Leben
ihm retten wollte, sprang hinein und rief:
Er möchte nur die Hand ihm geben;
allein der Geizhals sprach, indem er untersank:
Ich kann nichts geben, und ertrank.

»Der Geizhals« von Johann Aloys Blumauer

Redensarten vom Scheitel bis zur Sohle

Dass Körper und Geist, Leib und Seele eine Einheit sind, scheint heute wieder so etwas wie Allgemeinwissen zu sein. Sogar die Mediziner – seit dem Rationalismus hatten sie sich ja angewöhnt, ihre Patienten als Summe von »Einzelteilen« zu sehen und dementsprechend zu behandeln – akzeptieren heute alte Redewendungen, die dies immer schon bezeugt haben. Da **dreht sich einem der Magen um**, da **geht einem die Galle über**, da **bleibt einem die Luft weg**, **das bricht jemandem das Herz** und da möchte einer am liebsten **aus der Haut fahren**.

So »organisch« diese Redewendungen klingen, so seelisch, so psychisch sind die damit gemeinten Leidenszustände. Die griechischen Ärzte der Antike gaben aus dieser Einsicht vielen Krankheiten bis heute verwendete Namen, wie zum Beispiel Melancholie – das heißt »schwarze Galle« – für Trübsinnigkeit, denn sie stellten hier bereits Zusammenhänge fest, noch bevor das mittelalterliche Christentum verbot, »in den Körper hineinzuschauen«. Über die Medizin hinaus wurde es aber in der jüngsten Wissenschaftsgeschichte erst durch die moderne Verhaltensforschung so richtig interessant, denn es ist geradezu **atemberaubend**, wie genau manch überlieferte Redeweise unser an sich komplexes Verhalten auf den Punkt bringt. Wobei die Sinnesorgane genauso im Spiel sind wie die bereits zitierten inneren Organe, die Gestik, die Mimik und auch die Motorik der Extremitäten. Die Vielseitigkeit der Aussagemöglichkeiten ein und derselben »Körperstelle« ist dabei oft mehr als verblüffend: Menschen, die Mut haben, Widerspruch zu leisten, **bieten einem Gegner die Stirn**, ein anderer, der jemanden ungeniert belügt, **hat die Stirn, dies zu tun**. Wer von sich oder dem, was er sagt, innerlich überzeugt ist, der **redet mit glatter Stirn**. Allerdings wird diese Formulierung, wenn auch selten, manchmal verwendet, um jemanden als perfekten Lügner zu kennzeichnen. Wer

Gemälde »Die niederländischen Sprichwörter« von Pieter Bruegel dem Älteren (Kreis: »Mit dem Kopf durch die Wand«)

hingegen **mit krauser Stirn** spricht, handelt, denkt, der ist eben von Zweifeln geplagt, sich seiner Verantwortung bewusst und sich seiner Sache – noch – nicht sicher. Was sich doch auf oder hinter einer so einfachen und relativ kleinen Fläche des menschlichen Körpers alles abspielen und ausdrücken kann!

Ursprünglich bezeichnete das Wort Kopf, entlehnt vom spätlateinischen coppa, ja ein Gefäß, was gar nicht so weit hergeholt ist, schließlich beherbergt der schalenartige Schädel ja des Menschen wichtigstes Organ. Blöd dran ist deshalb einer, von dem behauptet wird, er sei ein **Hohlkopf** oder er **habe nichts im Kopf**. Da ist es schon besser, man hat **Köpfchen**. Ein **Dickkopf** hingegen ist einer, der **mit dem Kopf durch die Wand**, also um jeden Preis etwas Undurchführbares durchsetzen will, weil er es **sich in den Kopf gesetzt hat**.

Wer Butter auf dem Kopf hat, soll nicht in die Sonne gehen, empfiehlt ein altes Sprichwort, das nichts anderes meint, als dass jemand, der etwas ausgefressen hat, sich schön ruhig verhalten soll. In dieser Metapher steckt das Bild einer früher üblichen Transportart: Bauersfrauen trugen ihre Waren – ebenso Butter – in Körben auf dem Kopf (wie auch das Milchmädchen, siehe Seite 62). Wirklich feststellen, was passiert, wenn man mit Butter auf dem Kopf an die Sonne geht, konnten jene Bauern im ausgehenden Mittelalter, die ihrer Ware billiges Fett beigemischt hatten. Sie wurden zur Strafe für den Betrug mit einem Klumpen Butter auf dem Kopf an den

Pranger gebunden – so lange, bis das Fett schmolz. Wahrscheinlich leitet sich davon die Redensart **Butter auf dem Kopf haben** ab, die für ein schlechtes Gewissen steht.

Die Zöpfe der Gscherten

Viele Redensarten, die mit Körperfunktionen oder -teilen zusammenhängen, geben im Grunde nichts anderes wieder als das, was die Natur als spezielle Verhaltensweise in bestimmten Situationen programmiert hat. Wenn sich jemandem **die Haare sträuben**, **zu Berge stellen** oder **aufstellen**, dann erinnert das an unsere Abstammung – schließlich waren wir einmal vollbehaarte Pelzträger, intelligente Raubaffen eben. Jedes Pelztier vergrößert sein Erscheinungsbild beim Erschrecken oder bei der Vorbereitung auf einen Kampf dadurch, dass es sein Fell sträubt. Bei Hunden sind es vornehmlich die Nackenhaare, bei Katzen die des Schwanzes, bei Affen läuft diese Reaktion vom Rücken ausgehend über fast alle Gliedmaßen ab. Dadurch werden Gegner eingeschüchtert, und darüber hinaus dient das Aufstellen der Haare als Schutz gegen zu erwartende Verletzungen, weil diese Art von »Polsterschicht« einen feindlichen Biss besser abfangen kann. Wir Menschen haben nur mehr wenig vom guten alten Fell an uns, aber die gesamtkörperliche Reaktion kennen wir trotzdem noch: die erschauernde Gänsehaut, die nicht nur bei Kälteempfinden, sondern auch im Schreck ausgelöst wird.

Andere haarige Reden kommen nicht aus der Physiologie, sondern aus der Geschichte unterschiedlicher Haartrachten. Dass wir **ein Problem an den Haaren herbeiziehen** können, erinnert an den groben Umgang mit Beschuldigten vor Gerichten. Unser abschätziges Beleidigungswort für Provinzler, Hinterweltler oder sonstwie rustikale Zeitgenossen, nämlich **der Gscherte**, stammt aus Zeiten, wo nur freie Männer die Haare offen und lang tragen durften, während Leibeigene sich scheren lassen mussten. **Eine verzopfte Ansicht** nannte man im 19. Jahrhundert alles, was aus damaliger Sicht altmodisch war. Die Zöpfe in dieser Redewendung sind eine Anspielung auf die weiß gepuderten Perücken der Bürokratie aus der Zeit des Absolutismus, die mit den großen Revolutionen spätestens 1848 zu Ende gehen sollte. Die Perücken kamen tatsächlich aus der Mode, die bürokratische Grundeinstellung der Obrigkeit gegenüber den so genannten Untertanen nicht unbedingt. Jedenfalls trugen Freigeister und jeder, der sich nur irgendwie den Anschein von Revolution geben wollte, die Haare offen und frei. Der Zopf als Symbol des Überkommenen blieb jedoch vor allem hinsichtlich der Bildungsfrage noch länger in der Diskussion. So wurde an höheren Schulen und Universitäten bis weit ins 20. Jahrhundert kritisiert, **sie verbreiteten einen bürgerlichen Bildungszopf**.

Haare sind sehr alte mythologische Symbole für Kraft, Schönheit und Sexualität. Viele religiöse Vorschriften hängen damit zusammen, man denke nur an den

Unter den Blinden ist der Einäugige König.

Tschador für muslimische Frauen. Starke Behaarung wird instinktiv als Zeichen der Kraft gedeutet, was zu der fast komischen Redensart **der oder die hat Haare auf den Zähnen!** führte. Ungerecht, wie die Welt eben ist, wird diese Wendung meist auf Frauen gemünzt, wenngleich ursprünglich die Vorstellung vom Werwolf dahinter stand. Dieser »Männerwolf« verwandelt sich bei Vollmond zum voll behaarten Monster und bekommt daher auch »Haare zwischen den Zähnen«. Daraus entwickelte sich das Bild von der außergewöhnlich groben bis verletzenden Wortkraft, wie sie bis heute gebraucht wird.

Obwohl kahlköpfige Männer im Volksempfinden als sexuell besonders potent und aktiv gelten, ist der Haarverlust ein Zeichen allgemeiner Schwäche. Daher kommt auch der vielseitig verwendete Schreckensruf **da fallen mir ja die Haare vom Kopf** oder die Klage über unersättliche Esser, Ausbeuter oder Schmarotzer, die einem **die Haare vom Kopf fressen**. Wenn alle Mittel erschöpft sind, dann **ist der Bart ab** – eine Redensart, die sich bis in die jüngsten Generationen überall erhalten hat. Hier handelt es sich aber nicht um ein biologisches Problem, sondern um eine historische Schmähung. In den jahrhundertelangen kriegerischen Auseinandersetzungen vom Hochmittelalter bis in die Neuzeit zwischen dem christlichen Abendland und der Welt des Islam erniedrigten die »gottgefälligen Christenmenschen« ihre muslimischen Gefangenen dadurch, dass sie ihnen die religiös vorgeschriebenen Bärte abschnitten. Für einen türkischen oder arabischen Kriegsgefangenen, der dann sein Leben als Sklavenarbeiter beenden musste, war damit in jeder Beziehung der Bart ab. Manchmal ist es makaber festzustellen, wie lange und wie leicht sich Redensarten, die auf Grausamkeiten beruhen, in unserer flotten Alltagssprache halten können.

Ein heiteres Beispiel stammt aus dem Wienerischen, ist aufgrund anderer Modevorstellungen aber schon längst nicht mehr gebräuchlich: In Wien sagte man über die kühn geschwungenen und buschigen Oberlippenbärte von feschen Männern meist ungarischer Abstammung: **der hat zwa Aachkatzln gschnupft**! Die Vorstellung ist zwar nicht besonders tierlieb, aber immerhin bildhaft komisch, wenn man weiß, dass Aachkatzln (in Bayern Oachkatzln) nichts anderes als Eichkätzchen sind.

So gesehen

Die Augen, die nicht nur für das physische Sehen, sondern im übertragenen Sinn für die geistige Erkenntnis stehen, kommen in zahlreichen Redewendungen und Metaphern vor. So steht das Sprichwort **Unter den Blinden ist der Einäugige König**, das es in vielen Sprachen gibt, für die Tatsache, dass das Mittelmäßige in bestimmter Umgebung immer noch herausragend sein kann und dass der geistig – wenigstens teilweise – Fittere die nicht ganz so Hellen anführt.

Wenn man jemandem **Sand in die Augen streut**, so kann der Betroffene nicht mehr so gut sehen, und möglicherweise bleibt ihm sogar das Wichtigste, nämlich die Wahrheit, verborgen, er ist also getäuscht. Das erkannte schon der römische Dichter Gellius, der allerdings zu diesem Zweck Staub und nicht Sand nahm: pulverum ob oculos aspergere, schrieb er. Freilich ist das Streuen von Sand oder Staub heute nur mehr bildlich zu verstehen, die Vernebelung erfolgt durch einen Wortschwall, der dem anderen eher die Ohren als Augen verstopft, ihn aber jedenfalls verwirrt. Trotzdem erinnert die Wendung an eine alte Taktik beim Fechten, bei der tatsächlich dem Gegner eine Handvoll Schmutz in die Augen geworfen wurde, um ihn buchstäblich außer Gefecht zu setzen. Damit gleichermaßen verschmutzte Augen wieder klar sehen können, muss man sie durch Wischen säubern. Doch eine **Augenwischerei**, auch **Augenauswischerei**, meint etwas ganz anderes: nämlich erst recht wieder eine Täuschung, meist im Sinne eines Übervorteilens.

Die berühmtesten Augen sind zweifellos jene des Argus. Wer etwas **mit Argusaugen beobachtet** oder überhaupt **Argusaugen hat**, der schaut genau und meist mit einer ordentlichen Portion Misstrauen hin, dem entgeht nichts. Hinter dieser seit dem 17. Jahrhundert belegten und heute noch gängigen Wendung steckt eine Gestalt der griechischen Mythologie: Argos Panoptes (Griechisch: der alles sieht) war ein Riese mit unzähligen Augen am ganzen Körper. Er war ursprünglich Hirte, deshalb setzte die eifersüchtige Hera ihn als Wächter für Io ein, die schöne Tochter des Inachos, mit der Zeus eines seiner zahlreichen Techtelmechtel angefangen und die Hera deshalb in eine Kuh verwandelt hatte. Doch der liebeshungrige Zeus beauftragte flugs den Götterboten Hermes, dem es gelang, Argos mit seinen Flötenklängen einzuschläfern und zu töten. Seine Augen zierten fortan den Pfauenschwanz.

Das Gegenteil des strengen Argos ist einer, der **ein Auge zudrückt**, also jemand, der absichtlich etwas übersieht und eher nachsichtig denn scharfsichtig ist. Wahrscheinlich stammt diese Wendung aus der Rechtssprache, denn in mittelalterlichen Rechtssatzungen, den so genannten Weistümern, finden sich an Richter Anweisungen, in bestimmten Fällen »einen einäugigen Büttel mit einem einäugigen Pferd zu schicken«, was einer Bitte um Milde gleichkam. Bei ganz schlimmen Vergehen kann es vorkommen, dass man gleich **beide Augen zudrücken** muss, dann kriegt man naturgemäß überhaupt nichts mehr mit. Weitschichtig verwandt mit dieser Redensart scheint **das Auge des Gesetzes**, das, wenn es nicht zugedrückt wird, jede Missetat sieht und entsprechend ahnden kann, womit es dann zum – mitunter sogar langen – **Arm des Gesetzes** wird. Gemeint ist in beiden heute meist scherzhaft verwendeten Metaphern die Polizei, wobei bereits der griechische Tragiker Sophokles vom »Auge der strafenden Gerechtigkeit« sprach.

Nicht zu übersehen ist etwas, was **ins Auge sticht**, **springt** oder **fällt**, in diesem Sinne also **augenfällig** ist. Davon ist schon im Alten Testament die Rede, und aus der Bibel stammt auch der immer wieder gern zitierte Spruch **Auge um Auge, Zahn um Zahn**, in dem es offenkundig um Rache geht. Doch wird, wie Theologen stets beteuern, dieses Zitat meist falsch verstanden und deshalb häufig unrichtig verwendet. Nicht nur dass Jesus in der Bergpredigt bereits darauf Bezug nahm und seinen Jüngern empfahl, »Ihr sollt dem Übel nicht widerstehen; sondern wenn dich jemand auf deinen rechten Backen schlägt, so reiche ihm auch den anderen dar« (Matthäus 5,39). Auch der ursprüngliche Text zielt nicht so sehr auf die oft beschworene alttestamentarische Grausamkeit ab, sondern soll vielmehr überschießende Rachegelüste dämpfen, meint also, den Verlust eines Auges »nur« mit dem eines Auges und nicht etwa mit dem Tod zu vergelten (Exodus 21,24).

Die Augen gehören zu den empfindlichsten Stellen des Körpers. Schon eine relativ geringe Verletzung kann den Verlust oder zumindest die Verminderung der Sehkraft bedeuten und ist deshalb höchst gefährlich, was in der Wendung **das kann ins Auge gehen** als Aufruf zur Vorsicht steckt. Deshalb bedeutet **etwas** oder auch **jemanden hüten wie seinen Augapfel**, mit einer anvertrauten Sache oder einem Menschen besonders vorsichtig und rücksichtsvoll umzugehen, zumal der Augapfel im übertragenen Sinn für den Liebsten oder die Liebste steht. Diese Redensart stammt ebenso aus dem Alten Testament, im 5. Buch Moses (31,9,10) heißt es: »Aber des Herrn Teil ist sein Volk, Jakob die Schnur seines Erbes. Er ... führte und lehrte es und bewahrte es wie seinen Augapfel.«

Eine **Augenweide** ist etwas, woran sich die Augen weiden, also nähren und laben können, ein außergewöhnlich schöner Anblick. Meist ist damit ein Stück Natur oder ein bezauberndes Mädchen gemeint. Ursprünglich kommt der Begriff aus dem Lateinischen, Cicero spricht von oculos pascere re aliqua. Der Minnesänger Hartmann von Aue griff die Wendung auf, und mit einem politischen Gedicht Walthers von der Vogelweide ging die Augenweide endgültig in unseren Sprachschatz ein. Sie ist sozusagen das Pendant zum **Ohrenschmaus**, womit wir uns einem anderen Sinnesorgan und Körperteil zuwenden.

An den Ohren gezogen

Etliche Redensarten im Zusammenhang mit den Ohren beschreiben im Grunde bildlich tierisches Verhalten. Etwa die **hängenden Ohren**, die Traurigkeit und Mutlosigkeit verdeutlichen und sich sinngemäß auf Hund, Pferd und Esel anwenden lassen. Oder **die Ohren spitzen** und **die Ohren steif halten** als Umschreibung für höchste Aufmerksamkeit, wodurch das Bild eines wachsamen Tieres heraufbeschworen wird.

Schreib dir das hinter die Ohren! heißt es, wenn sich jemand etwas besonders gut merken soll. Hinter dieser Wendung steckt natürlich keinerlei tierische Verhaltensweise, sondern eine altdeutsche Rechtspraxis. Bei wichtigen Verträgen, bei Grenzsteinsetzungen oder Grundsteinlegungen sollten Zeugen anwesend sein, die sich so lange wie möglich an die rituelle Handlung erinnern konnten – also Kinder, auf deren lange Lebenszeit man hoffte. Kinder aber bringen, gerade weil sie kerngesund und munter sind, zuweilen nur wenig ernsthafte Aufmerksamkeit mit. Dem musste abgeholfen werden, und daher gab es für die kleinen Zeugen planmäßig ein paar saftige Backpfeifen »hinter die Ohren geschrieben«. So etwas merkt man sich bekanntlich ein Leben lang, dachten die deutschen Honoratioren. Wahrscheinlich aus eigener Erfahrung ...

Der ist ein richtiges Schlitzohr ... bedeutet, dass jemand sich nicht gerade als Tugendbold und Ehrenmann hervortut. Die Typisierung geht eher in Richtung »kleiner Gauner«, was mit dem historischen Hintergrund der Redensart zusammenhängt. Das Mittelalter kannte ja schon für relativ kleine Straftaten drakonische Sanktionen, und wenn sich jemand etwas zu Schulden kommen ließ, dann **stellte man ihn an den Pranger**, den Schandpfahl in der Mitte des Marktplatzes. Und dabei machte man sich gerne den Spaß, den Delinquenten mit einem Ohr an den Holzpfahl zu nageln. Befreien konnte sich der solcherart Festgenagelte nur dadurch, dass er sich losriss, was ungeheuer schmerzhaft war und eine scheußlich blutende Wunde zurückließ. Heilte diese Wunde aus, war die Ohrmuschel im wahrsten Sinne des Wortes geschlitzt und der betreffende Mensch für sein Leben gezeichnet. Je nach Delikt konnte es der städtischen Gerichtsbarkeit aber auch genügen, den Prangerstehern ein Schild mit Inschrift umzuhängen, oder gleich dazu einige erschwerende Steingewichte um den Hals zu hängen. Daran erinnert, dass wir manchmal **etwas Unangenehmes am Hals hängen haben**

oder das wir jemandem **so richtig etwas umhängen**, wobei dass »etwas« in letzterer Redensart heute eine verbale Beschimpfung meint.

Jeder Mensch fühlt, wenn er mit dem Finger über die Stelle hinter dem Ohr streicht, einen Wulst. Anatomisch gesehen ist das der so genannte Warzenfortsatz, ein Teil des Schläfenbeins. Nun heißt es von manchem, er habe es **faustdick hinter den Ohren**, ein Ausspruch, der von dem Umstand herrührt, dass die Menschen früherer Zeiten meinten, die Verschlagenheit und Gerissenheit sitze gleichsam in einem Organ hinter den Ohren. Je mehr einer davon habe, desto größer werde dieser Wulst, eben faustdick oder auch knüppeldick. Zuweilen wurde sogar die Auffassung vertreten, dieses Organ sondere in Form des Ohrspeichels etwas von der Schlauheit ab. Bei manchen sitzt nicht so sehr die Durchtriebenheit als vielmehr **der Schalk hinter den Ohren**, oder **im Nacken**. Auch dieser Redensart liegt ein alter Volksglaube zu Grunde: jener eines Dämons, von dem manche Menschen besessen sind, ohne ihn selber wahrzunehmen.

Der in Österreich und Bayern gebräuchliche Ausdruck »Ohrwaschl« für Ohr ist eigentlich ein Pleonasmus, zumal »Waschl« oder »Wachl« nichts anderes als die Ohrmuschel bedeutet, wie aus der Feststellung **der rührt ka Waschl** für jemanden, der überhaupt nicht zuhört, oder aus der Aufforderung **mach deine Wachla auf** hervorgeht. Etymologisch wird ein Zusammenhang mit dem mittelhochdeutschen waejen angenommen, was soviel wie wehen oder flattern bedeutet und damit wieder die Erinnerung an Tierohren heraufbeschwört.

Aus dem Tierleben kommt auch die Wendung **jemandem einen Floh ins Ohr setzen**, eine Umschreibung für jemanden misstrauisch machen oder einen unerfüllbaren Wunsch in ihm wecken, ihm jedenfalls mit Worten so zusetzen, dass ihm diese keine Ruhe mehr lassen – wie ein Floh einem Hund. Auch ein **Ohrwurm** kann lästig werden: Die zur Insektenordnung der Geradflügler gehörigen Dermaptera können zwar Pflanzenkrankheiten wie den Maisbeulenbrand übertragen. Dass sie aber ins menschliche Ohr kriechen und dort mit ihrer Afterzange am Trommelfell herumzwacken, ist ein volkstümlicher Irrglaube. Zu Anfang des 20. Jahrhunderts bekam der Ohrwurm dann noch eine ganz andere Bedeutung: Die Bezeichnung steht für einen Schlager mit einer eingängigen Melodie, die einem nicht mehr aus dem Kopf will.

So wie etwas, was einem **in die Ohren geblasen** wurde. Ein **Ohrenbläser** ist im eigentlichen Sinn ein Schmeichler, einer, der einen anderen mit Worten umgarnt, ihm **in den Ohren liegt**, um etwas zu seinem Vorteil durchzusetzen. Sebastian Brant nahm diese menschliche Eigenheit wie viele andere in seinem »Narrenschiff« aufs Korn, betonte aber gleichzeitig, dass vor allem der ein Narr sei, der »lichtlich jedes schwätzen gloubt«. Zurückgeführt wird das Vollblasen der Ohren weniger auf das bildhafte Hineinpusten als

Ein Ohrenbläser

eher darauf, dass man etwas umso besser hört, je näher es am Ohr gesprochen wird, womit man auch den Atem des Sprechers spürt. Dem Volksglauben zufolge werden böse Geister durch ins Ohr gesagte – »geblasene« – Beschwörungen aus dem Körper gejagt. Dennoch **klingen einem die Ohren** nicht, wenn direkt hineingesprochen wurde. Im Gegenteil, **dir haben gestern die Ohren klingen müssen** sagt man, wenn man – nur positiv, versteht sich – in jemandes Abwesenheit über ihn gesprochen hat.

Die Nacht zum 24. August 1572 ist als Bartholomäusnacht in die Geschichte eingegangen. Der Plan, die Religionsparteien in Frankreich durch die Heirat des hugenottischen Königs Heinrich von Narvarra mit Margarete, der Schwester des Königs, auszusöhnen, endete in einem Blutbad, der Pariser Bluthochzeit. Um ihre Gegner auszuhorchen, ließ die Königinmutter Katharina von Medici überall in den Wänden des Louvre Leitungen einbauen, so dass sie aus anderen Zimmern hören konnte, was gesprochen wurde. Als Warnung vor unsichtbaren Lauschern gilt seit damals die Redensart **die Wände haben Ohren**.

Würmer aus der Nase

Die Nase ist im wahrsten Sinne des Wortes eines der hervorstechendsten Gesichtsmerkmale, zudem werden oft Charaktereigenschaften mit Nasenformen assoziiert. Offenbar fing Aristoteles mit dergleichen Kategorisierungen an, jedenfalls sind seine Schriften dazu die ältesten, die erhalten geblieben sind. So behauptete der griechische Philosoph in seinem Buch »Physiognomika«, spitznasige Menschen würden zu Jähzorn neigen, eine Hakennase hingegen sei das Zeichen für Großmut. Kein Wunder also, dass sich das Geruchsorgan in vielen Redensarten der Alltagssprache breit macht und zudem mit so vielen Synonymen belegt wurde wie kein anderer Körperteil: Zinken und Kolben, Riecher und Giebel, regional auch Heampa oder Umuakn sind nur einige davon.

Dabei sind die Bilder, die zum Ausdruck gebracht werden, meist ebenso klar wie die Herkunft: Wer **seine Nase in alles steckt**, ist neugierig, denn um etwas genau zu sehen, muss er dichter dran gehen, wodurch die Nase dem Objekt der Neugierde sehr nahe kommt. **Nasern** heißt das Zeitwort im Wienerischen, wenn jemand etwas auskundschaftet oder einem anderen buchstäblich hinterher schnüffelt. Eine **gute Nase** hat ein Hund, der in der Lage ist, etwas frühzeitig oder weiträumig zu wittern, und diese Charakteristik wurde auch auf Menschen übertragen, die sich durch ein Gespür für kommende Ereignisse hervortun. Ursprünglich war **naseweis** ein Synonym für diesen Spürsinn, bedeutete es doch, dass das Tier mit der Nase die Spur weise. Doch die Bedeutung dieses Adjektivs hat sich mit den Jahrhunderten geändert: Naseweis heißt heute soviel wie vorlaut oder neunmalklug sein. Die passende Personenbezeichnung dazu ist die **freche Nase**, in jüngeren Jahren auch eine **Rotznase**, im Wienerischen ein **Rotzlöffel**.

Die oft gebrauchte Wendung **jemanden an der Nase herumführen** oder auch bloß **nasführen** hat heute die Bedeutung von jemanden in eine bestimmte Richtung lenken, oft auch im Sinn von sich lustig über ihn machen. Die Redensart stammt von den mittelalterlichen Tierbändigern und Schaustellern, die zum Beispiel Bären einen Ring durch die Nase trieben und eine Kette daran befestigten, um das Tier so besser unter Kontrolle zu haben. Ein ähnliches Bild vermittelt **jemanden am Gängelband führen** oder **gängeln**.

Auch hier wurde ursprünglich jemand unter Kontrolle gehalten, allerdings waren es die kleinen Kinder, die gerade zu gehen begannen. Ihnen wurden im 18. Jahrhundert Bänder, Gängelbänder, umgebunden, damit sie nicht davonlaufen konnten.

Wer **sich selbst an der Nase nimmt**, **zupft** oder **an die Nase fasst**, der gesteht sich und anderen ein, dass er einen Fehler gemacht hat, dass die Schuld für ein Missgeschick bei ihm liegt. Wahrscheinlich hat diese bildhafte Wendung ihren Ursprung in einem Rechtsbrauch. So war es üblich, dass Beschuldigte, die andere verleumdet, beleidigt oder geschmäht hatten, sich selbst an der Nasenspitze nehmen mussten, um ihr Unrecht einzugestehen.

»Die alte Lene geht – und gleich, da treibt man lauter dummes Zeug«, berichtet Wilhelm Busch von Franz und Fritz, die am Samstagabend gemeinsam ein Bad nehmen. Als Lene sich umdreht, zeigt ihr Fritz prompt **die lange Nase**: Er hält die flache Hand mit den ausgestreckten Fingern der Länge nach vor seinen Gesichtserker. Diese Geste, die zur weiteren Verdeutlichung auch mit beiden Händen ausgeführt werden kann, und damit die Redensart, die in abgewandelter Form **jemandem eine Nase drehen** lautet, ist eine gängige Art der Verspottung. Sie erinnert daran, dass Narren in früherer Zeit meist aus Wachs geformte lange Nasen trugen. Eines der ältesten literarischen Dokumente dafür ist der ab 1532 veröffentlichte Roman »Gargantua und Pantagruel« des französischen

Jemandem die lange Nase zeigen.

Geistlichen und Arztes François Rabelais. Der heruntergekommene Scholar und Lehrer Pantagruels, Panurge, siegt darin in einer »pantomimischen Disputation« über einen englischen Theologen, weil er ihn mit seinen unanständigen Gesten verwirrt, darunter auch mit der »langen Nase«. Auch die Redensart **jemandem ein Schnippchen schlagen**, eine Umschreibung für einen Streich spielen, entwickelte sich aus einer solchen Geste: mit dem Finger schnippen. Was heute ein gewisses Rhythmusgefühl beim Anhören von Musik zum Ausdruck bringt oder eine begleitende Handbewegung darstellt, wenn man in seinem Gedächtnis angestrengt nach etwas sucht, war früher eine Gebärde des Spottes und der Nichtachtung.

Wenn jemand herumdruckst und nicht recht mit der Sprache herausrücken will, dann gelingt es manchmal durch geschicktes Fragen, ihm **die Würmer aus der Nase zu ziehen**. Diese Wendung scheint auf den ersten Blick unsinnig, da es ja nicht so sehr gilt, seiner Nase als vielmehr seinem Mund etwas zu entlocken. Verständlich wird die Redensart vor dem entsprechenden historischen Hintergrund: Schon in babylonischen Keilschrifttexten taucht der Verdacht auf, dass Würmer Krankheiten verursachen. Und zwar nicht nur Beschwerden im Verdauungstrakt. Bis in die Neuzeit hielt sich die Annahme, dass etwa Zahnschmerz durch das Bohren eines Zahnwurms hervorgerufen wird (der später durch den Kariesteufel ersetzt wurde). Zudem herrschte die Überzeugung, dass für manche Zustände Krankheitsdämonen verantwortlich seien, die die Betroffenen in der Gestalt von Würmern heimsuchen – so etwa sollten die Wurmgeister bei Melancholikern im Gehirn sitzen. Auf Jahrmärkten wurde von Kurpfuschern deshalb immer wieder behauptet, Schwermütige seien zu heilen, indem man ihnen die Würmer aus dem Gehirn zöge, und zwar durch die Nase. Die Redensart hat sich bis heute gehalten, die Krankheitsauffassung ist durch die moderne Medizin eine andere geworden, obwohl regional zur Umschreibung eines nicht ganz hellen Menschen immer noch gesagt wird: **Der hat an Wurm in der Marille**.

Die Nase ist bekanntlich das Organ, mit dem Gerüche aufgenommen werden, scharfe wie süßliche,

235

betäubende wie durchdringende. Wenn jemand **in schlechtem Geruch steht**, wenn eine Sache **anrüchig** ist oder **ein Rüchlein** hat und schließlich **ruchbar** wird, so scheint dahinter ein übler Geruch zu wabern, ein Gestank, der dem Bösen anhaftet und der jedermann in die Nase steigt. Sprachwissenschaftlich ist der Zusammenhang jedoch ganz anders. Diese Art von Geruch ist nicht auf das Verb riechen zurückzuführen, sondern auf das mittelhochdeutsche geruofte, aus dem sich das Geschrei, unter anderem das Not- und Hilfegeschrei bei einem Verbrechen, aber auch das Gerücht und das ganz einfache Rufen entwickelt hat. Der schlechte Geruch ist in diesem Zusammenhang also nichts anderes als ein schlechter Ruf, der, so muss man wohl zugeben, zuweilen aus einem Gerücht entsteht.

Aufs Maul geschaut

Ob im Zusammenhang mit dem Essen, Reden oder Schweigen – Mund, Zunge und Zähne kommen in zahlreichen Redensarten und bildhaften Wendungen vor. Wobei der Mund in verschiedenen Idiomen auch als Maul, Schnabel, Schnauze oder Pappulatur tituliert wird. Eine schon von Martin Luther gern geübte Praxis, der in seinem »Sendbrief vom Dolmetschen« empfahl, »man muss ... denselben auf das Maul sehen, wie sie reden, und danach dolmetschen; so verstehen sie es denn und merken, dass man Deutsch mit ihn' redet«. **Dem Volk aufs Maul zu schauen** wird deshalb allerorts Politikern nahe gelegt, zumal nur wer beobachtet, wie die einfachen Leute sich ausdrücken, sich ihnen verständlich machen kann.

Der im süddeutschen Sprachraum seit dem 16. Jahrhundert gängige Ausdruck Gosche, auch Gusche, für Mund ist unbekannter Herkunft und findet sich in etlichen, meist nicht sehr freundlich gemeinten Redewendungen wieder (siehe Kapitel »Mit Pulver und Blei«, Seite 131). Allein schon der schlicht klingende Aussagesatz **die hat eine Goschn** ist ganz und gar nicht wertfrei und bezeichnet eine Frau mit **flottem Mundwerk**; quasi die Vorstufe zu einer, die eine **Goschn wie ein Schwert** hat oder **wie ein Hutschenschleuderer**, jener gewerbliche Schausteller, der die Schaukel im Vergnügungspark in Bewegung setzt und die Belustigung lautstark ankündigt. Entsprechend scheint **gusch!** die Aufforderung zu sein, **die Goschn zu halten**. Doch die Sprachgeschichte will es anders. Das hingeworfene »gusch!« kommt aus dem Französischen. Dort heißt se coucher sich hinlegen, und der Imperativ couche(-toi)! gilt nur einem Hund, im Sinne von »Platz!« oder »Bei Fuß!«.

Wer auf den Vorschlag »gusch!« nicht reagiert, dem muss man im Notfall **das Maul stopfen**, wie dem Hund, den der Dieb in Phädrus' Fabel mit einem Stück Brot vom Bellen abhalten will. Dieselbe Bedeutung hat **jemanden mundtot machen**, meint man doch, das Wort »Mund« aus dieser Wendung zu hören. Doch bei genauerer etymologischer Betrachtung stellt sich heraus, dass mit dem hier angesprochenen »Mund« ursprünglich ganz und gar nicht das Organ zur Lautbildung gemeint war. Vielmehr geht diese Art von Mund auf das althochdeutsche munt zurück, das noch in Vormund und Mündel steckt und soviel wie Rechtsschutz und Schirm bedeutet. »Mundtot« heißt im Grunde also nicht rechtsfähig sein und hat mit einem gestopften Maul nur im weitesten Sinn zu tun.

Wer umgekehrt so gar nichts redet, **das Maul nicht aufbringt**, der hat **seine Zunge verschluckt** oder **seinen Mund zu Hause gelassen**, beides bildhafte Wendungen, die keiner weiteren Erläuterung bedürfen. Aber jemand, der wenig spricht, kann sich wenigstens nicht **den Mund** oder **das Maul verbrennen**, nämlich etwas Falsches oder Anrüchiges sagen oder gar ein Geheimnis ausplaudern. Deshalb ist es sicher besser, **seine Zunge im Zaum zu halten** oder **zu hüten**. Doch das ist gar nicht so einfach, wie auch der oft zitierte Volksmund sagt: **Wes des Herz voll ist, des geht der Mund über**. Was immer wieder als Bibelstelle zitiert wird, lautet im Original »denn aus der Fülle des Herzens redet der Mund« und ist unter Matthäus 12,34 zu finden. Nur in der Luther-Übersetzung steht an dieser Stelle das bekannte Sprichwort – schließlich bemühte sich der fromme Herr, dem Volk aufs Maul zu schauen.

Sich kein Blatt vor den Mund nehmen ist eine oft gehörte Redensart, die zum Ausdruck bringt, dass jemand losplappert, ohne irgendwelche Rücksichten zu nehmen. Die Herkunft des Ausspruchs, der schon von

Luther in Zusammenhang mit Christus verwendet wurde, wird von Sprachwissenschaftlern auf zweierlei Weise gedeutet: So kann einerseits die Geste dahinterstecken, sich die Hand oder eben auch ein Blatt Papier vor den Mund zu halten, wenn man jemandem etwas im Stillen, im Geheimen sagen möchte, das kein anderer hören soll. Andererseits kann der Ursprung auch in einer Schauspielersitte liegen. So hielten sich, wie beispielsweise Erasmus Francisci 1670 in seinem »Neu-polirten Geschicht-, Kunst- und Sittenspiegel« schildert, Schauspieler Blätter wie Masken vors Gesicht, quasi um sich unkenntlich zu machen und für ihre Sprüche nicht belangt werden zu können.

Welche Denkungsart hinter dem gesprochenen Wort steckt, darüber scheint die Zunge zu entscheiden, oder vielmehr das beigeordnete Eigenschaftswort, das über den Charakter eines Menschen Aufschluss gibt: So gehört die **spitze Zunge** einem Spötter, die **böse Zunge** einem Kritiker und die **falsche Zunge** einem Lügner. Wer mit **gespaltener Zunge spricht**, vertritt gegenüber verschiedenen Menschen verschiedene Meinungen; wer hingegen **mit Engelszungen redet**, der versucht, mit Worten so auf jemanden einzuwirken, dass er ihn von seinem Vorhaben abbringt oder zu etwas überredet, das er aus eigenem Antrieb gar nicht wollte. Bei dieser Wendung handelt es sich, wie nicht weiter verwunderlich, um die Luther-Übersetzung einer Stelle aus dem Neuen Testament: »Wenn ich mit Menschen- und mit Engelszungen redete und hätte der Liebe nicht, so wäre ich ein tönend Erz oder eine klingende Schelle.« (1. Korintherbrief 13,1). Manchmal ist es auch notwendig, jemandem **die Zunge zu lösen**, was nichts anderes heißt als ihn zum Sprechen zu bringen. Oft wirkt Alkohol als geeignetes Lösungsmittel, zu Zeiten der Inquisition und in Diktaturen gab und gibt es andere Methoden. Was heute in dieser Wendung nur noch im übertragenen Sinn gemeint ist, geht auf einen medizinischen Eingriff zurück: Bei manchen Menschen ist schon bei der Geburt das Zungenbändchen, die kleine Schleimhautfalte, die die Zunge mit dem Mundboden verbindet, zu kurz. Da diese anatomische Eigenart später beim Sprechenlernen hinderlich sein kann, wird das Fältchen gekappt, die Zunge ist gelöst. Offenbar war es sogar bis ins 20. Jahrhundert üblich, das Zungenbändchen in jedem Fall durchzuschneiden, in der Annahme, das Kind lerne dann schneller sprechen.

Eine der am häufigsten gebrauchten bildhaften Wendungen im Zusammenhang mit den Zähnen ist **der Zahn der Zeit**, der an etwas, meist an der äußeren Erscheinung eines Menschen nagt und deshalb den sichtbaren Verfall symbolisiert. William Shakespeare legt diese Metapher Herzog Vincentio in der letzten Szene seines Problemdramas »Maß für Maß« in den Mund, wodurch das schon seit der Antike bekannte Bild zu allgemeiner Popularität kam.

Mindestens ebenso gebräuchlich ist die Redensart **jemandem auf den Zahn fühlen**, was ebenfalls nur bildlich gemeint ist. Zwei Deutungsmöglichkeiten dieses Spruches gibt es, der immer dann verwendet wird, wenn es darum geht, festzustellen, welche Kenntnisse der Betreffende zu einer bestimmten Sache hat. Klar ist, dass ein Zahnarzt mit seinen Instrumenten die Zähne untersucht, im weitesten Sinn befühlt, um der Ursache von Beschwerden auf den Grund zu kommen. Aber auch beim Kauf von Pferden ist die genaue Inspektion der Zähne wichtig, deren Zustand Aufschluss über das Alter und die Gesundheit der Tiere gibt – der Grund, warum man **einem geschenkten Gaul nicht ins Maul schauen** soll.

Gewendete Hälse und gebeugte Schultern

Ende der 80er Jahre, als der ehemals eiserne Vorhang löchrig wurde und schließlich ganz fiel, kam mit einem Mal eine bis dahin wenig bekannte Vogelart ins Gerede: der **Wendehals**. Der kleine rindenförmige Gartenspecht, der nach den auffälligen Drehbewegungen und Verrenkungen seines bis 180 Grad wendbaren Halses benannt ist, musste als Vergleich für Menschen herhalten, die vom neuen System der Marktwirtschaft plötzlich ebenso überzeugt waren wie ehedem vom realen Sozialismus. Ganz neu war dieser für den Vogel wenig schmeichelhafte Vergleich allerdings nicht: Der Satiriker Johann Fischart hat bereits im 16. Jahrhundert Heuchler als »Windhälse« bezeichnet. Und überhaupt war Jynx torquilla, so der Zoologen-Name des Piepmatzes, schon viel früher in der Geschichte zu einiger Bedeutung gelangt: Wegen der schlangenartigen Verdrehungen, die er mit seinem Hals vollführen kann, war er im alten Griechenland zum Zaubervogel für verschmähte Liebende geworden. Wollten sie das Objekt ihrer Liebe unter allen Umständen (zurück-)gewinnen, so banden sie den armen Vogel mit Flügeln und Füßen auf ein Rad und drehten dies, während sie bestimmte Zauber- und Beschwörungsformeln murmelten.

Noch ein anderer Vogel und dessen Hals, beziehungsweise Gurgel müssen zur Charakterisierung eines bestimmten Menschenschlags herhalten: Unter einem **Schluckspecht** versteht man einen, der sich gern **einen hinter die Binde gießt**, wobei die Binde den Binder, nämlich die Krawatte darstellt. **Ein armer Schlucker** hingegen ist ein Mensch, der aufgrund seines geringen oder völlig fehlenden Einkommens nichts zu essen und deshalb nichts zu schlucken hat oder aber alles schlucken muss, was ihm vorgesetzt wird, und das ist auch im übertragenen Sinn gemeint. Wahrscheinlich leitet sich der arme Schlucker vom mittelalterlichen »Schlucker« ab; damals die Bezeichnung für einen Prasser, der sein Hab und Gut verjubelt.

Ganz im Gegensatz zu einem **Geizhals**, mitunter auch **Geizkragen** genannt. Warum gerade jener Körperteil, der als Träger des Schädels dient, mit übertriebenem Sparwillen in Zusammenhang gebracht wird, ist auf den ersten Blick nicht ganz einleuchtend. Doch der Umstand, dass sich das Wort Geiz aus dem

althochdeutschen gîte herleitet, aus dem ebenfalls die
Gier entstanden ist, macht die Sache schon klarer –
gierig ist man zuallererst nach Essen, das wiederum
im Hals verschwindet. Besonders gierig oder geizig
ist deshalb jemand, der **den Hals nicht vollkriegen**
kann, also nie genug bekommt.

Hals über Kopf ist ein oft gehörter Ausdruck, wenn es
jemand äußerst eilig hat und losstürzt, ohne nachzu-
denken oder Vorsorge zu treffen. Das Bild scheint offensichtlich: Beim Menschen ist oben der Kopf und
darunter der Hals. Wird diese Stellung umgedreht, so
springt man kopfüber oder eben Hals über Kopf in
eine Sache hinein. Dass dabei nicht alles glatt gehen
kann, ist offensichtlich. Es kann aber auch sein, so
spekulieren Sprachforscher, dass dieser Redewendung
eine etwas vulgärere und zugleich anschaulichere zu
Grunde liegt. Der bereits öfter erwähnte Satiriker
Johann Fischart beschrieb eine eilige Handlung mit
»über ars und kopf bürzeln«, und auch das Schwei-
zerische kennt die Redeweise »Häupt über Arsch«. Es
wäre also nicht weiter verwunderlich, wenn der an-
stößige Arsch mit der prüder gewordenen Zeit in einen Hals verwandelt worden wäre.

Der Hals ist zweifellos ein für die Gesundheit wich-
tiger Körperteil, zumal, wenn er gebrochen ist, die
Beweglichkeit des ganzen Körpers und sogar das Leben auf dem Spiel steht. Der zumindest allen Schiur-
laubern mitgegebene Glückwunsch **Hals- und Beinbruch** und vor allem seine Herkunft wird an anderer

Stelle erläutert (siehe Kapitel »Deutsche Worte«, Seite 118 f.). **Jemandem etwas vom Hals halten** oder auch **jemandem mit etwas vom Hals bleiben** heißt nichts anderes als jemanden verschonen, meist ist damit Arbeit körperlicher oder geistiger Art gemeint, oft aber auch jedwede Anliegen oder Sorgen. Dass die Bedeutung von Hals und Kragen nah beieinander liegt, wurde bereits am Beispiel des Geizkragens gezeigt. Offenkundig wird diese Übereinstimmung, wenn es **jemandem an den Kragen geht.** Schließlich kann allein die Tatsache, dass der aufrecht stehende oder überfallende obere Abschluss an Hemd, Kleid, Bluse, Jacke, Rock oder Mantel zerfleddert werden soll, nicht wirklich Gefahr bedeuten. Doch im ursprünglichen Sinn schwingt mit der Zerstörung des Kragens die Zerstörung des Halses und damit des ganzen Menschen mit, zumal vor der Hinrichtung der Kragen am Hemd des Delinquenten abgerissen wurde, damit das Schwert oder später das Schafott gänzlich ungehindert seinen Hals durchtrennen konnte. Deshalb kann man sich, wenn man sich in prekäre Aussagen verstrickt, **um Kopf und Kragen reden.**
Wie der Kragen ist die Gurgel, der vordere, den Schlund und den Kehlkopf enthaltende Teil des Halses zum Synonym für den ganzen Hals geworden. Jemandem **an die Gurgel zu springen** bedeutet, ihn verbal so heftig anzufahren, als wollte man ihm nach dem Leben trachten.

Anatomisch in unmittelbarer Nähe zur Gurgel und zum Hals befinden sich Schulter und Nacken. Vor allem von Frauen, die auf die hinreißenden Äußerungen und Versprechungen männlicher Verehrer nicht eingehen wollen, heißt es zuweilen, sie **zeigen ihnen die kalte Schulter**, lassen sie also ganz einfach abblitzen. Für gewöhnlich ist eine Schulter, was die Körpertemperatur anbelangt, nicht kälter als jeder andere Körperteil. Deshalb wurde die Herkunft dieser Redensart aus dem Englischen hergeleitet: dort wurde cold schon in früher Zeit gleichbedeutend mit gefühllos gebraucht. Das vor allem von Jugendlichen aller Welt gebrauchte Modewort cool, das zuweilen mit leidenschaftslos und lässig gleichgesetzt wird, erinnert daran.

Die Schultern wie der Nacken sind Sinnbild für Stärke und Zielgerichtetheit, wie aus den Redewendungen **etwas auf seine Schultern nehmen** für Verantwortung tragen, **breite Schultern haben** für viel auf sich nehmen können oder aus der **Hartnäckigkeit** hervorgeht, in der der harte, unbeugsame Nacken steckt. Umgekehrt sind **gebeugte Schultern** ein Zeichen der Schwäche, und wenn man jemandem **den Fuß in den Nacken setzt**, so hat man ihn unterworfen, wie einstmals die Ritter es zum Zeichen ihres Sieges bei ihren Gegnern taten.

Schöne und andere Rücken

Auch die meisten Redensarten, in denen die obere Hinterseite des menschlichen Rumpfs eine Rolle spielt, haben etwas mit körperlicher oder charakterli-

245

cher Stärke, Schwäche oder mit Kampf zu tun, und zwar nicht nur im militärischen Sinn. Wer einem anderen **den Rücken stärkt**, der unterstützt ihn, ebenso wie wenn er ihm **den Rücken deckt** oder aber **den Rücken freihält**. Im Gegensatz dazu wird ein Angriff aus dem Hinterhalt mit **jemandem in den Rücken fallen** umschrieben. Wer sich so fies benimmt, der kann einem dann **den Buckel herunterrutschen**, mancherorts auch noch **mit der Zunge bremsen**, eine eindeutige Aufforderung im Sinne des berühmtesten Zitates der Weltliteratur. Das Wort Buckel, heute gleichbedeutend mit dem – oft gekrümmten – Rücken verwendet, bezeichnete ursprünglich den etwas erhabenen Metallbeschlag in der Mitte eines Schildes. Der Wortstamm ist im französischen bouclier (Schild) noch zu hören. Im 15. Jahrhundert wurde diese Art Beule dann auf höckerförmige Verformungen der Wirbelsäule übertragen und schließlich zur umgangssprachlichen Bezeichnung für den Rücken und ist in etlichen Redensarten zu finden. Wer **viele Jahre auf dem Buckel** hat, der ist zweifellos nicht mehr der Jüngste, geht oft **gekrümmt unter der Last der Jahre**. Und da der Mensch sich vor Lachen oft biegt, heißt es auch **ich lach mir einen Buckel** oder **ich lach mich bucklig**, wenn man etwas besonders lustig findet. Manch einer **lacht sich einen Ast**, eine Wendung, die nicht ganz einleuchtend scheint und erst Sinn bekommt, wenn man bedenkt, dass Ast auch einen Auswuchs oder Knorren (im Holz) bezeichnet und so im Sinn von Buckel verwendet wird.

Der untere Teil des Rückens, das Gesäß, hat in der Umgangssprache zahlreiche, mehr oder weniger derbe Synonyme und Umschreibungen, die wiederum in vielen Redensarten stecken. Die **vier Buchstaben**, auf die man **sich setzen** soll, lauten p, o, p, o manchmal sind's auch fünf, dann lauten sie eben a, r, s, c, h. Das altgermanische Wort ars leitet sich aus dem indogermanischen orso ab, das soviel wie hervorragender Körperteil heißt. Das bekannteste Zitat mit dem anstößigen Wort ist wohl der markige Spruch des Götz von Berlichingen, allerdings keine Erfindung des Dichterfürsten, denn schon Martin Luther empfahl, diese Aufforderung an den Teufel zu stellen. Im Grunde soll der Kraftausdruck nicht nur eine Beschimpfung sein. Vielmehr war das Zeigen des nackten Hinterteils und die Aufforderung, es zu lecken, im Volksglauben als Abwehrzauber gegen böse Geister fest verankert, worauf auch Luthers Empfehlung hindeutet.

Allseits bekannt ist jemand, der einem anderen **in den Arsch kriecht**, sich also, um etwas zu erreichen, in übelster Weise selbst demütigt. Als Umschreibung für den **Arschkriecher** ist mitunter der **Mastdarmakrobat** zu hören, wie überhaupt das vulgäre Wort Arsch zuweilen durch euphemistische Bezeichnungen wie **Armleuchter** oder **Allerwertester** ersetzt wird, die mit dem Arsch gerade noch den ersten Buchstaben gemeinsam haben. Fürchtet sich einer vor etwas oder jemandem, so geht ihm **der Arsch auf Grundeis**. Das Grundeis ist jenes Eis, das sich an der Flusssohle

bildet und oft schon im Winter, vor der Schnee-
schmelze, in Form von Eisklumpen stromabwärts
treibt. Wenn es bricht, so macht das ziemlich laute,
oft gurgelnde Geräusche – ähnlich jenen bei Durch-
fall, und genau von dieser Ähnlichkeit stammt der
weit hergeholte Vergleich. Geprägt hat ihn erstmals,
wenn auch in abgemilderter Form, der Dichter Joseph
Victor von Scheffel, der sich im 19. Jahrhundert mit
romantisch-nationalen Gedichten hervortat. In seinem Gedicht »Der erratische Block« heißt es: »Und
der spielt die traurigste Rolle, dem die Basis mit
Grundeis ergeht ...«

Auf Herz und Nieren

Das Herz ist nicht nur der Pumpmuskel, der das Blut
durch die Adern treibt, sondern gilt seit jeher als
Quelle der Lebenskraft, Sitz des Gefühls, des Mutes,
des Verstandes und vor allem der Liebe und der Sehn-
sucht. Während die griechischen Dichter das Herz
auch als Zentrum des Denkens und Wollens ansahen,
galt es den Ägyptern als Sitz der Vernunft, weshalb die
Ägypter »herzlos« mit »verstandesarm« gleichsetzten.
Für den biblischen Menschen war nicht nur das Herz,
sondern auch die Nieren Sitz der Empfindungen. Weshalb in der Bibel an mehreren Stellen davon die Rede
ist, die Menschen **auf Herz und Nieren zu prüfen**,
was einer Prüfung seiner innersten Regungen gleichkam. Heute meint man damit, jemanden, mitunter
auch etwas, gründlich zu untersuchen.

Herz reimt sich bekanntlich auf Schmerz, ein Vers, den so gut wie jeder Dichter verwendet hat, und nicht nur in der Operette heißt es: »Dein ist mein ganzes Herz!« Wer einem anderen **sein Herz schenkt**, der will nicht zum Organspender werden, sondern ist in Liebe zu ihm oder ihr entbrannt. Passen die beiden tatsächlich zusammen, so sind sie bald **ein Herz und eine Seele**, ähnlich wie die Menge der Gläubigen in der Apostelgeschichte (4,32). Nimmt die Liebe keinen glücklichen Ausgang, so **bricht das Herz**; dem gemäß ist ein **Herzensbrecher** einer, der die Frauen reihenweise unglücklich macht und der vielleicht selber **ein Herz aus Stein** hat, also ein **hartherziger** Mensch ist.

Nichts zu tun mit dergleichen Härte hat es freilich, wenn jemandem **ein Stein vom Herzen fällt**, zumal mit dieser bildhaften Wendung eher der Druck gemeint ist, den jemand in unangenehmen Situationen tatsächlich in der Brustgegend spüren kann und der sich dann, wenn sich die Lage bessert, auflöst, sodass sich der Betroffene buchstäblich erleichtert fühlt. Das ist zuweilen auch dann möglich, wenn man jemandem **sein Herz ausschütten** kann, also über alles spricht, was einem so **auf dem Herzen liegt**.

Die Wendung von einem, der **aus seinem Herzen keine Mördergrube** macht, wird oft zitiert. Sie bedeutet, dass ein Mensch keine dunklen Geheimnisse hat, **offenherzig** ist, **das Herz auf der Zunge trägt**. Die angesprochene Mördergrube, im Wortsinn ein Schlupfwinkel für Verbrecher, ist an mehreren Stellen der Heiligen Schrift zu finden, etwa bei Matthäus (21,13), wo Jesus die Wechsler und Händler aus dem Tempel treibt: »Es steht geschrieben: Mein Haus soll ein Bethaus heißen; ihr aber habt eine Mördergrube draus gemacht.«

Zwei Seelen wohnen, ach, in meiner Brust, lautet eine der bekanntesten Zeilen aus Goethes Faust, die immer dann zitiert wird, wenn sich jemand nicht entscheiden kann und zwischen zwei Handlungsmöglichkeiten hin und her schwankt. Die Brust, mitunter als Busen verehrt, beherbergt das Herz und galt deshalb im Altertum als Zentrum aller Lebens- und Seelenfunktionen. Sich **an die Brust zu schlagen**, heute als Redensart gleichbedeutend mit etwas bereuen oder eine Schuld eingestehen, stellte im Orient ursprünglich eine Geste der Bekräftigung dar, ehe sie zur christlichen Demutshaltung wurde. **Schwach auf der Brust** ist im eigentlichen Sinne ein Lungenkranker, heute eher jemand, der über wenig bis gar kein Geld verfügt. Und **im Brustton der Überzeugung** spricht einer, der an dem, was er sagt, keinerlei Zweifel hegt, eine Wendung, die von dem deutsch-nationalen Geschichtsschreiber und Publizisten Heinrich von Treitschke stammen soll.

Die meisten Redensarten im Zusammenhang mit dem Bauch, jenem Körperteil, dessen Name bezeichnenderweise aus derselben Wortgruppe wie das Wort Beule stammt, verstehen sich von selbst. Ganz und gar bildlich ist natürlich die Wendung **jemandem ein Loch in den Bauch reden** oder **fragen** gemeint. Die-

ser scherzhaft, manchmal aber auch ärgerlich hinge-
sagte Spruch wurde schon im 16. Jahrhundert verwendet. Martin Luther etwa verurteilte die verschiedenen Deutungen der Heiligen Schrift auf diese
Weise, wenn er sagte: »Als nun die Schrift also ein
zerrissen Netz war geworden ..., sondern ein jeglicher bohret ein Loch, wo ihm seine Schnauze hin
stund ...«. **Sich etwas aus den Rippen schneiden**,
oder es im Gegenteil nicht können, bedeutet soviel wie etwas herbeizaubern – oder eben nicht dazu
in der Lage sein. Selbst nicht Bibelfesten ist geläufig,
worauf diese Redensart anspielt: Auf die Schöpfungs-
geschichte und Gottes Überlegung, dass es nicht gut
für den Mann sei, wenn er allein bleibt.

Die Galle, eigentlich die Gallenflüssigkeit, die in der
Leber gebildet wird und zur Fettverdauung dient,
geht, was ihren Wortstamm betrifft, auf die indoger-
manische Wurzel ghel zurück, was soviel wie glän-
zend und grünlich bedeutet. Grünlich-bitter ist er
auch, der Gallensaft, und seit der so genannten Säfte-
lehre der Antike herrschte in der Medizin die Ansicht
vor, die Galle habe Auswirkungen auf das geistig-seeli-
sche Befinden des Menschen. So gilt die Galle als Sitz
und Symbol für Bitterkeit, und sowohl im Griechischen wie im Lateinischen sind die Bezeichnungen
für Galle gleichbedeutend mit Wut, Neid und Zorn.
Viele Wortableitungen wie etwa **vergällen** für ver-
drießen oder **gallig** für schlecht gelaunt und verschiedene Redensarten erinnern an die überkommene me-
dizinische Vorstellung. Wenn jemand aus Zorn und

Wut um sich schreit, so heißt es, **ihn frisst die Gall**, er **spuckt Gift und Galle** oder aber er **ärgert sich grün und gelb**, Farbschattierungen, die wie gesagt mit dem Ursprung des Wortes Galle zu tun haben.

Auch die Leber, das zentrale Stoffwechselorgan, galt in der Antike wie im alten Volksglauben als Quell des Zorns, mehr noch als Sitz von Lebenskraft und -saft. Bis ins 18. Jahrhundert hielt sich die Auffassung, dass die Leber mehr sei als bloß eine Drüse, eine Meinung, auf die mehrere bis heute gebräuchliche Redeweisen zurückgehen. So fragt man jemanden, der offensichtlich schlechter Laune oder gedrückter Stimmung ist, ob ihm **etwas über die Leber gelaufen** sei, das seinen Unmut verursachte. Manchmal lautet die Frage auch, ob **eine Laus über die Leber gelaufen** sei, wobei mit der Laus angesprochen wird, dass es sich dabei nur um eine nichtige Kleinigkeit gehandelt haben kann. **Frei von der Leber weg** spricht jemand, der kein Hehl aus etwas macht und sich, wie bereits erwähnt, kein Blatt vor den Mund nimmt. Gemeint ist dabei, dass sich jemand etwas von der Leber redet, wodurch er den in der Leber angestauten Zorn loswird.

Wenn sich jemandem etwas **auf den Magen schlägt**, **im Magen liegt wie Blei** oder **wie ein Stein**, so ist der Zustand ganz eindeutig: Schmerzen im Bauch, Verdauungsprobleme und daraus resultierende üble Laune, hervorgerufen durch stattgefundene oder bevorstehende Ereignisse, Gespräche, unangenehme Zeitgenossen. Wer hingegen **einen guten Magen** hat, der kann viel und vieles vertragen, und dabei ist nicht nur das übergroße Schnitzel gemeint, sondern sämtliche Unbilden, die einen Menschen so treffen können und an denen er dann **zu kiefeln** hat. Nicht ganz eindeutig ist das Bild, das mit der Aussage **mir hängt der Magen in den Kniekehlen** heraufbeschworen wird. Eigentlich würde man annehmen, dass eine solche Ausdehnung erst und nur dann möglich ist, wenn der Magen überfüllt, **vollgeschlagen** ist und deshalb überschwer nach unten zieht. Das Gegenteil ist der Fall: Die um die Wende zum 20. Jahrhundert aufgekommene Redensart ist eine Umschreibung für äußerst starken Hunger, zuweilen **Kohldampf** genannt. Der Kohldampf, den man für gewöhnlich »schiebt«, ist ein in die Alltagssprache eingegangener typischer Ausdruck aus dem Rotwelsch. Dort bildeten Wörter, sowohl Dampf wie auch Kohl, Bezeichnungen für Hunger, ein unter Bettlern und Gaunern nur allzu bekannter Zustand.

Handlanger

Eine beachtliche Anzahl an Redewendungen und Metaphern bezieht sich auf die Extremitäten des menschlichen Körpers, wobei wiederum etliche aus der Sprache des Kampfes stammen oder zumindest entfernt daran erinnern. Wer jemanden **dem Gegner in die Arme treibt**, der spielt ihm übel mit, vor allem, wenn er anschließend **mit verschränkten Armen dabeisteht** und dem Bemitleidenswerten nicht **unter**

253

die Arme greift, um ihm zu helfen und zu verhindern, dass er zu Boden fällt. Entledigt man sich lästiger Verpflichtungen, um Zeit und Energie für andere Taten zu haben, so **hält man sich die Arme frei**, was ebenfalls das Bild eines Schlachtfelds, zumindest aber eines Zweikampfes heraufbeschwört; denn wer von mehreren Gegnern umzingelt ist, die ihm vielleicht sogar **in den Arm fallen**, also seine Verteidigung verhindern, dem sind **die Hände gebunden** und er befindet sich **in des Gegners Hand**.

Wenn etwas **Hand und Fuß hat**, so ist es vollständig, komplett und vernünftig, eine auch heute durchaus sinnige Redeweise, die vor dem Hintergrund der mittelalterlichen Rechtspraxis aber umso einleuchtender wird. Lange Zeit galt als eine der schlimmsten Strafen das Abhacken von Händen und Füßen, und zwar vornehmlich der rechten Hand und des linken Fußes. Denn die Rechte brauchte ein Mann, um das Schwert zu führen, den linken Fuß setzte er beim Aufsteigen aufs Pferd zuerst in den Steigbügel. Deshalb waren auch nur jene Männer kriegstauglich, die noch über die rechte Hand und den linken Fuß verfügten, eben »Hand und Fuß hatten«. An eine andere Tortur aus früheren Zeiten erinnert die Redensart **für jemanden die Hand ins Feuer legen**. Wer das – heute natürlich nur bildlich – für einen anderen tut, der ist von dessen Unschuld und Integrität überzeugt. Bei der so genannten Feuerprobe, einem der zahlreichen bis ins Spätmittelalter durchgeführten Gottesgerichte, musste der Beweispflichtige über glühende Pflugscharen gehen oder aber ein glühendes Eisen mit bloßer Hand tragen. Wie bei jedem Gottesurteil beruhte die Probe darauf, dass der wahrhaft Unschuldige von der Gottheit geschützt wird, in diesem Fall also keinerlei Verbrennungen davontrug. Auch die Redensarten **sich nicht die Finger verbrennen** für vorsichtiges Verhalten oder **ein heißes Eisen anfassen** für ein heikles Thema ansprechen beziehen sich noch auf solcherart Pein.

Ebenfalls aus der Rechtspraxis scheint die Wendung **die Hand über jemandem halten** zu kommen. Sie meint, dass man jemanden schützt oder beschützt und ihm helfend zur Seite steht. Tatsächlich war es eine übliche Geste desjenigen, dem das Begnadigungsrecht oblag, die Hand über den Verurteilten zu halten, um ihn vor der Exekution der Strafe zu schützen. Der zu Schützende war zwar dann im wahrsten Sinne des Wortes **unter der Hand** – doch diese Redensart hat eine völlig andere Bedeutung. Sie meint, etwas heimlich, im Verborgenen zu tun und erinnert an Falschspieler und deren Tricks, Karten, durch die Hände abgedeckt, zu ihren Gunsten zu vertauschen. Ebenfalls aus dem Kartenspielermilieu kommt die urwienerische Wendung **d'Händ voller Pratzen haben**: nämlich ein gutes, kaum zu schlagendes Blatt zu besitzen. Eine Gelegenheit, bei der man sich sicherlich **ins Fäustchen lachen** kann.

Der Handkuss, einerseits ein im vierten Jahrhundert aus dem Hofzeremoniell der römischen Kaiser übernommenes Ehrenrecht der Bischöfe, bei dem der Ring geküsst wird, andererseits eine aus dem spanischen Hofzeremoniell stammende Grußform der Ehrerbietung, die im 19. Jahrhundert in das gehobene Bürgertum eindrang, ist heute nur mehr in Österreich üblich, und auch hier nur mehr zu speziellen Gelegenheiten. Deshalb ist **etwas mit Handkuss nehmen** die österreichische Variante der Wendung **etwas mit Kusshand nehmen**. Die Kusshand ist jene vor allem in mediterranen Gefilden und früher unter Schauspielerinnen gebräuchliche Geste, bei der man die Innenseite der eigenen Finger küsst und dieses Küsschen dem Gegenüber durch die Luft zuwirft. In beiden Fällen bedeutet die Redensart dasselbe: freudig zulangen und dem anderen einen symbolischen Dank erweisen.

Einen Bedeutungswandel hat die Redensart **durch die Finger sehen** im Laufe der letzten Zeit erfahren. War früher etwas Ähnliches damit gemeint wie mit der bereits besprochenen Wendung »ein Auge zudrücken«, nämlich durch diese Geste einen geringeren Gesichtskreis zu bekommen und damit absichtlich etwas zu übersehen, so meint man heute mit **durch die Finger schauen** immer öfter zu kurz gekommen oder übervorteilt worden zu sein.

Wenn einer **im kleinen Finger mehr hat als ein anderer im ganzen Kopf**, so ist die Bedeutung dieser Aussage ziemlich klar, wenn auch nicht ganz einsichtig, weil die Schlauheit für gewöhnlich nicht in den Fingern steckt. Wahrscheinlich liegt dieser Redensart ein Volksglaube zu Grunde, der besagte, dass einem ein Finger, am häufigsten der kleine Finger, Weisheit spenden könne, wenn man ihn in einen Zaubertrank oder in Blut tauche. Diese Erklärung klingt sehr nach einer anderen Redeweise, wonach sich einer **etwas aus den Fingern saugt** oder **zuzelt**, meist irgendeine Geschichte, die nicht unbedingt der Wahrheit entspricht oder pure Erfindung ist. Allerdings wird für diese oft gehörte Wendung auch ein anderer Ursprung angenommen: In manchen Märchen und Sagen ist davon die Rede, dass Kinder, die in großer Armut oder fern der Mutter aufwachsen, durch den eigenen oder den Finger eines mitfühlenden Menschen genährt wurden, aus dem die Milch floss wie aus einer Mutterbrust.

Der Daumen wird seit alters als »Glücksfinger« angesehen, und es wurden ihm allerlei Zauberkräfte zugeschrieben. Bis heute haben sich der Brauch und die dazu passende Redensart erhalten, **jemandem den Daumen zu drücken** oder **zu halten**. Durch das Einschlagen und Festhalten des Daumens mit Hilfe der anderen Finger sollen, so wollte es der Volksglaube, böse Geister gebändigt werden. Schon zu Zeiten der Zirkusspiele im alten Rom war es Brauch, dass das Publikum durch eine solche Gebärde anzeigte, dass ein verwundeter Gladiator begnadigt werden solle. Auch die deutsche Mythologie und die Volksmedizin sind voll von Hinweisen auf die günstigen Auswirkungen des eingeschlagenen Daumens: Er vermag bissige Hunde ebenso abzuwehren wie Seitenstechen zu lindern, Albträume zu verjagen und die Folgen des Meineids hintan zu halten.

Wer **lange Finger macht** oder auch **krumme Finger**, der versucht, etwas zu grabschen, was nicht ihm gehört – ein Dieb also, ein **Langfinger**, der **überall seine Finger drin hat**. Menschen mit solchen Neigungen schaut man für gewöhnlich **auf die Finger**, damit die Gegenstände um ihn **nicht Beine kriegen** ...

Beinarbeit

In manchen Gegenden wird zwischen Fuß und Bein sprachlich nicht so genau unterschieden, und so sind einige Redewendungen mit beiden Bezeichnungen üblich. Etwa **jemandem Beine (oder Füße) machen**. Oder **immer wieder auf die Beine fallen**, was anatomisch richtig nur **immer wieder auf die Füße fallen** heißen kann, denn wer auf ein Bein fällt, der prellt oder bricht es sich gar, und das genaue Gegenteil ist mit dieser bildlichen Wendung gemeint. Sie spielt darauf an, dass Katzen nach einem Fall (meist) auf den Pfoten aufkommen und so selbst Stürze aus großer Höhe überstehen können und bedeutet auf den Menschen übertragen einfach einen Glückspilz, dem nichts so schnell etwas anhaben kann.

Auch die Redensart, die schlecht gelaunte Menschen beschreibt, oder aber jemanden, der den ganzen Tag über vom Pech verfolgt ist, gibt es in der Fuß- und in

der Beinvariante: **mit dem linken Fuß zuerst aufge-
standen sein**. Wer einem anderen **ans Bein pinkelt**,
tut ihm damit nichts Gutes, hinterlässt, ebenso wie
ein Hund, einen unangenehmen Geruch, den der andere erst wieder loswerden muss. Einen **Klotz am
Bein** hat jemand, der in seinem Handlungsspielraum
arg eingeschränkt ist, sich kaum frei bewegen kann –
wie ein Weidetier, dem ein solcher Klotz zwischen die
Beine gebunden wird, damit es sich nicht auf und davon machen kann. Ähnlich ergeht es einem auch,
wenn einem **Knüppel zwischen die Beine geworfen**
werden. Geschieht das, so stolpert man, fällt vielleicht hin, kann jedenfalls das, was zu tun man vor-
hatte, nicht weiterbringen.

Das Wort Bein muss aber nicht immer für die aus
Ober- und Unterschenkel bestehende untere Extre-
mität stehen, sondern besitzt in manchen Redensarten noch die altgermanische Bedeutung von Kno-
chen. So etwa in **durch Mark und Bein gehen**, was
soviel heißt wie durchdringend, meist angewendet
auf einen Schmerz oder ein lautes Geräusch. Die for-
melhafte Wendung geht auf den Hebräerbrief im
Neuen Testament zurück, in dem der Apostel Paulus
schreibt (4,12): »Denn lebendig ist das Wort Gottes
und wirksam, und schärfer als jedes zweischneidige
Schwert, und dringet durch, bis dass es Seele und
Geist, auch Mark und Bein scheidet ...« – **Stein und
Bein schwören** ist ebenfalls eine solche untrennbare
Zusammensetzung zweier Begriffe, die möglicherweise die Überlieferung eines alten Rechtsbrauchs

darstellt. So wie zur Bekräftigung eines Eides in neuerer Zeit oft ein heiliges Buch wie die Bibel oder der Koran dienen, war es früher vor Gericht üblich, während eines Schwures die Hände auf einen bestimmten Gegenstand zu legen, etwa auf ein Schwert, den Richterstab, die eigene Brust, aber auch auf als heilig geltende Felsbrocken oder das Reliquienkästchen mit heiligen Gebeinen.

»Bitte das Geld gleich nachzählen. Spätere Reklamationen können nicht berücksichtigt werden« ist an manchen Bank- und Wechselstubenschaltern zu lesen. Wer einmal aus dem Geschäftslokal hinausgegangen ist, kann also keine Beschwerden mehr vorbringen. Genauso war es ehedem mit einem gerichtlichen Urteilsspruch. Den konnte der Verurteilte auch nur **stehenden Fußes** anfechten, hatte er den Gerichtssaal erst einmal verlassen, war das Urteil rechtskräftig. Die lateinische Übersetzung stante pede ist ebenfalls als Redewendung in die deutsche Sprache eingegangen, beide haben mit dem ursprünglichen Bild der Bewegungslosigkeit nichts mehr zu tun, sondern werden im Sinn von sofort, ohne zu zögern verwendet.

Was **auf tönernen Füßen steht**, das kann nicht von langer Dauer sein, wie die »Bildsäule von erhabener Gestalt …, die Füße teils von Töpferton«, von der der babylonische König Nebukadnezar geträumt hat und die ihm Daniel als die langsame Auflösung seines Reichs deutet (Daniel 2,32). Jemand, der **auf großem Fuß lebt**, muss deshalb nicht standfester sein. Die Redensart findet dann Verwendung, wenn jemand beschrieben werden soll, der in Saus und Braus das Geld zum Fenster hinauswirft. Die Sprachwissenschaft ist sich nicht einig darüber, was große Füße mit Verschwendungssucht zu tun haben. Während ein Teil der Forscher darauf verweist, dass das Wort Fuß im 17. Jahrhundert auch die Bedeutung von Zustand oder Grundlage hatte, wie aus Wendungen wie **mit jemandem auf gutem Fuß stehen** oder **auf Kriegsfuß sein** ersichtlich ist, bringen andere eine kulturgeschichtliche Anekdote vor: Danach soll der mittelalterliche Brauch besonders langer Schuhspitzen vom Grafen Geoffroi de Plantagenet stammen, dem Ahnherrn der späteren englischen Könige. Er habe, so wird kolportiert, eine Verformung seiner rechten Zehe damit verbergen wollen. Diese Schuhmode setzte sich bald durch, und wer besonders reich war, demonstrierte das mit dergleichen Schuhschnäbeln, die bis zu 70 Zentimeter lang waren. Doch das Schuhwerk war selbst für Prinzen und Fürsten nicht sehr praktisch, wie man bald feststellte. Die Schuhspitzen wurden deshalb wieder kürzer, das Leben auf großem Fuß hingegen ist bis heute nicht aus der Mode gekommen.

Kleider machen Worte

I geh net nach der Mode
Trag all'weil nur an Huat
Mit fingerbreite Krempen
Der steht mir keck und guat.
A Sack'l ganz von Sammet
A Masch'n muass i hab'n
Und mit der harben Schäler
Lass i mi einst begrab'n.
Und auf mein Stan
Muss steh'n allan:
Da liegt a echter Weana
War no vom alten Schlag.

Wienerlied, Text: E. Herzog,
Musik: Johann Sioly,
gesungen vom Volkssänger
Edmund Guschelbauer

Redensarten von vertrockneten Hutblumen und durch Pantoffel verweichlichten Männern

So wartet er auf »den jüngsten Tag«, der echte Wiener, wie er im Liedtext dargestellt wird. Seine Identität, seine Persönlichkeit, sein trotzig-altmodisches Selbstbewusstsein, das definiert er mit den Worten seines Textdichters E. Herzog über **die harbe Schäler**. »Harb« für herb ist im Wienerischen vieldeutig, hier steht es für unverfälscht, fesch, bodenständig. Die »Schäler« nennt man heute eher eine »Schalen«, also eine Schale, was schon seit langer Zeit nichts anderes als Kleidung im Sinne einer besonderen Erscheinungsform bedeutet. Sie erinnert an einen anderen umgangssprachlichen Ausdruck für Kleidung, nämlich an **die Panier**, unter der gemeinhin die Mehl-Ei-Brösel-Umhüllung eines Wiener Schnitzels verstanden wird. Die Sonntagskleidung ist dementsprechend **die Einserpanier**. Modern müsste man diese Bezeichnungen wohl mit dem neudeutschen Outfit übersetzen.

Dass Kleidung, Mode, Schmuck und Haartracht seit undenklichen Zeiten in der menschlichen Kulturgeschichte Stand und Rang, Herkunft und Zuordnung, oft genug auch Schicksal und Bestimmung des Menschen ausdrückten, ist die Grundlage für allerlei Redewendungen und bildhafte Ausdrücke. Wobei es im Laufe der Kulturgeschichte zu amüsanten Veränderungen und Widersprüchen kam. Ein **Mensch von höchstem Ansehen**, der prunkvoll gekleidet ist, kann im deutschen Lied auch spöttisch **ein Kerl von Samt und Seide** heißen und wird damit eigentlich schon in Zweifel gezogen, wenn nicht zum überheblichen Hochstapler verurteilt.

»Vestis virum reddit«, wusste schon der römische Rhetoriker Quintilian, das Kleid macht den Mann. **Kleider machen Leute**, wie es im Deutschen heißt, eine Re-

»Wie sick een Teutsch Munsiur kleeden soll.« Spottbild auf die Mode, Deutsche fliegende Blätter (1628–1632), Stich

densart, deren Popularität durch die gleichnamige Erzählung von Gottfried Keller noch gesteigert wurde. **'S Gwandl macht's Mandl** lautet der Sinnspruch auf gut Wienerisch, und gemeint ist immer dasselbe: Wie beim Schneidergesellen Wenzel in Kellers Geschichte, der dank seines samtgefütterten Mantels glatt als polnischer Graf durchgeht, kann der Schein der äußeren Hülle Ansehen und sogar gesellschaftlichen Aufstieg bringen. Übertreiben sollte man es dabei freilich nicht, denn sonst muss man sich sagen lassen, man sei **aufgeputzt wie ein Pfingstochse**. Diese bildhafte Wendung, die jemanden bezeichnet, der ziemlich geschmacklos und lächerlich angezogen ist, geht auf den Brauch zurück, den zur Schlächtung zu Pfingsten vorgesehenen Mastochsen mit Blumen und Kettchen geschmückt in der Gemeinde herumzuführen beziehungsweise das Leittier beim Almauftrieb um die Pfingstzeit festlich herauszuputzen.

Alte Hüte und neue Kappen

Zweifelsohne sind Hüte so wie Haartrachten sehr alte und sehr bedeutsame Symbole. Insbesondere der Hut eines Herrschers besaß als Ausdruck seiner Macht schon selbst hohen Verehrungswert. Der Hut des Landvogts Geßler in der Geschichte vom Wilhelm Tell ist hiefür ein berühmtes literarisches Beispiel. Ob Besitztümer, Herrschaftsbereiche, Aufgaben und Problemstellungen, Zwänge und Bedürfnisse – vieles war da **unter einen Hut zu bringen**. Mit dem alten Herrschaftshut wäre diese Redewendung auch schon erklärt, wenn hier nicht … **die** Hut gemeint wäre. Denn wahrscheinlich kommt diese Redeweise aus dem Hirtenleben, wo ein Schäfer oft damit beschäftigt war, mehrere Herden unter eine gemeinsame Führung, eine Hut, zu bringen. Worum es geht, ist also die Lösung mehrerer Probleme und nicht die Machtstellung.

Dass **jemandem der Hut hochgeht** ist aus der Situation des Haaresträubens (siehe Kapitel »Körpersprache«, Seite 188f.) verständlich. Dass **der Hut brennt** ist ein deutliches Symbol für Dringlichkeit, und was es bedeutet, wenn **etwas über die Hutschnur geht** ist jedem klar, der den Sinn einer Hutschnur kennt. Die Hutschnur ist eine dünne Sicherungsleine, die um den Stumpen gewickelt ist und unterm Kinn getragen wird und bei Bedarf mit einem Ende an einem Mantelknopf festgemacht werden kann. Fegt ein Windstoß dem Träger seinen Hut vom Kopf, muss dieser nicht dem davoneilenden Kopfschmuck nachhetzen. Es könnte also einfach die Höhe der Hutschnur die Erklärung für diese Redensart sein, denn alles, was höher reicht, ist dem Menschen unangenehm, es geht ihm quasi »bis an den Hals« oder er »steckt bis zu den Ohren drin«. Es gibt allerdings noch eine andere Deutung. 1356 erschien in Eger eine Vorschrift, dass der Wasserstrahl aus der Leitung nicht die Stärke, also die Dicke einer Hutschnur übersteigen dürfte – eine der ersten bekannten Wassersparmaßnahmen Europas. Ob die Redeweise vom Übersteigen der Hutschnur wirklich von dieser längst vergessenen städtischen Vorschrift hergeleitet werden kann, ist freilich fraglich.

Wenn gar nichts mehr geht, dann pflegt ein echter Wiener **den Huat draufzuhauen.** Ein Ausruf der Aufgabe, des Nichtmehrmitmachens, des Aussteigens aus einem Spiel oder einem Geschäft. Interessanterweise ist der Ursprung der typisch wienerischen Resignation aber mit dem Gegenteil verbunden, nämlich mit dem Abschluss eines Geschäftes. Im Mittelalter wurden Kaufverhandlungen, die unter freiem Himmel geführt wurden, dort mit besiegelndem Handschlag beendet, die Hüte blieben dabei auf den Köpfen. Bei Geschäften am Wirtshaustisch oder in Zunftstuben gab es jedoch eine andere Sitte: Da hier Geldbeträge, Schuldscheine oder sogar Urkunden »auf den Tisch« kamen, wurde der Zuschlag, das Zeichen des Einverständnisses, von einem der Verhandler dadurch angezeigt, dass er seinen Hut auf Geld und Papier drauflegte. Das Hutdraufhauen war also ein Zeichen der Zustimmung und damit die Beendigung einer geschäftlichen Auseinandersetzung. Mag sein, dass sich die Redensart aus der Tatsache, dass man bei einem Geschäftsabschluss auch einmal schlecht aussteigen kann, mit der Zeit und mit dem immerwährenden Wiener Grant ins Negative gedreht hat.

In Berlin ist um die vorletzte Jahrhundertwende eine andere Art von Hüten ins Spruchgut geraten. Wenn jemand offensichtlichen Unsinn erzählte oder schlichtweg unglaubliche Dinge von sich gab, so hielt man ihm entgegen: **Das kannst du jemanden erzählen, der keine Krempe am Hut hat!** Hinter dieser merkwürdigen Kopfbedeckung, besser gesagt: unter dieser, steckten Menschen, die von Berufs wegen als Narren galten – obwohl sie in Wahrheit stets die Weisesten gewesen sind: die Clowns. Von den spitzkegeligen Hüten des Pierrot bis zum radlosen Stumpen des berühmten Grock hatten nämlich alle Clownskostüme krempenlose Kopfbedeckungen, und die Berliner waren diesbezüglich scharfe Beobachter.

Sich etwas an den Hut stecken können (oder sollen) wird heutzutage auch im Sinne einer wertlosen Sache, eines hohlen Dekors verwendet. Geschichtlich gesehen waren aber die Zeichen, die sich Menschen an den Hut hefteten, stets von Bedeutung. Wobei es oft auf Feinheiten ankam. Wenn ein Bauernbursch in Tirol das Wirtshaus des Nachbardorfs betrat, so entschied die Art und Weise, wie er die Eichelhäherfeder am Hut trug, über das unmittelbar folgende Geschehen. War die Spitze der Feder nach hinten gedreht, so galt dies als Friedenszeichen und Bereitschaft zur konfliktfreien Konsumation. Zeigte die Federspitze nach vorn, kam das einer Kriegserklärung gleich. Da sollte ein Streit ausgetragen werden, zum Beispiel ein Mädchen abgeworben oder eine alte Familienfehde weitergeführt, und in der nächsten halben Stunde konnte daher in dieser Wirtschaft mit einer handfesten Prügelei gerechnet werden. Dieses Beispiel für ein »Hutzeichen« ist eines von – unübertrieben! – Tausenden, wie sie auf der ganzen Welt verstanden wurden und werden: von den Indianern Amerikas bis zu den Fischern Südostasiens. Und natürlich bildeten in allen so genannten Zivilisationen Bänder, Kokarden, Federn, Ehrennadeln und Hutschmuck jeder Art immer Ausdruck von Status, Zugehörigkeit und Gesinnung. Übrigens dürfte sich im 19. Jahrhundert die Zahl der Abzeichen aus dem Polit- und Vereinsleben, auch die Zahl der Auszeichnungen, die mit Ehrennadeln und Ähnlichem verbunden waren, ungeheuer vermehrt haben. Sodass dann die kritische Redewendung vom »sich etwas an den Hut stecken« entstand, die abwertend meint, dass hinter diesem Zeichen wohl nichts Wertvolles oder Wichtiges zu verstehen sei.

So wie die Kopfbedeckung selbst schon Ausdruck der Lebensart sein konnte. **Jetzt haben wir sie unter die Haube gebracht!** meinte und meint noch immer, dass eine junge Frau verehelicht ist. Was später in allerlei Trachtenordnungen hineinkomponiert wurde und was heute als Folklore gilt, das war im Mittelalter vorgeschriebene Kleiderordnung.

Noch älter sind aber zwei andere typische Bekleidungselemente, die eine Braut unbedingt brauchte und die daher in unseren Redensarten – wenn auch gut versteckt – noch enthalten sind. »Mit dem Gürtel, mit dem Schleier …«, so lässt Friedrich Schiller in seinem epischen Gedicht von der Glocke die Braut zum Altar gehen. (Für den Gürtel siehe »Beutelschneider und Plaudertaschen«, Seite 242f.) Der Brautschleier ist ein absolut vorchristliches Kleidungsstück, denn er hat die Aufgabe, den bösen Dämonen, die am Weg der Braut vom Elternhaus zum Haus des Bräutigams lauern, die Identität der jungen Frau zu verbergen. Dies umso mehr, als um sie herum weitere verschleierte Frauen zu ihrer Begleitung gehen. Heute erinnern die so genannten Brautjungfern daran, aber ursprünglich waren es verheiratete Frauen, die verschleierten Geleitschutz boten. Diese altgermanische Sitte und Glaubensvorstellung hat sich ins Christentum übertragen, jetzt gilt sie für den Weg der Braut zum Altar. **Etwas verschleiern** oder **in den Schleier des Geheimnisses hüllen** geht auf diesen Brauch zurück. Übrigens hat die Verschleierung der Frau im Islam einen ähnlichen kulturellen Hintergrund, nur sind es da nicht böse Dämonen, die gefährlich sein können, sondern die Blicke fremder Männer, die eine ehrbare Frau in der Öffentlichkeit nicht belästigen dürfen.

Eine verheiratete Frau trug im Mittelalter standesgemäß eine spezielle Haube, damit sie als solche von jedermann erkannt werden konnte. Besonders streng waren die Kleiderordnungen natürlich beim Kirchenbesuch. Unverheiratete Frauen und Mädchen durften am Sonntag ihren Festtagshut der Jahreszeit entsprechend mit frischen Blumen schmücken. Verheiratete Frauen dagegen durften nur Trockenblumen anstecken. Die höchst uncharmante Bezeichnung **so a vertrocknete Huatblumen!** für ein weibliches Wesen fortgeschrittenen Semesters hat sich aus dieser alten Vorschrift erhalten.

Keine vertrocknete Hutblume

Nicht minder abfällig ist die Wendung **gleiche Kappen, gleiche Brüder**. Obwohl im Ursprung etwas höchst Ehrenhaftes gemeint war und die Kappe als Kopfbedeckung hier höchstwahrscheinlich durch eine sprachliche Abweichung und Verirrung in die Redensart kam. Die im Mittelalter so mächtig gewordenen Ordensgemeinschaften, die nicht nur die Kultur, sondern auch die Politik Europas dieser Zeit über weite Strecken und nicht immer friedvoll beeinflussten, trugen ihre kennzeichnenden Mönchshabite, ihre Ordenskleider. Die alte lateinische Bezeichnung cappa, Mehrzahl cappae, für den römischen Offiziersmantel war in der Zwischenzeit der Name der klösterlichen Ordensmäntel geworden. Gleiche Ordensmäntel bedeuteten für jedermann sichtbar zugehörige Ordensbrüder, und damit wusste man über ihre Bedeutung, ihre Ausrichtung im Glauben, ihre politische Stellung Bescheid, denn die Orden hatten ihre strengen Regeln. Die zitierte Beobachtung, die daraus entstehende eingedeutschte Redewendung von den Kappen und den Brüdern ist daher im Ursprung bestimmt ehrerbietig, wenn auch manchmal eingeschüchtert – denken wir nur an die Inquisition – gewesen. Ebenfalls von den Ordensmänteln geblieben ist die noch immer verwendete Redensart, dass **man etwas auf seine Kappe nimmt**, nämlich die Verantwortung dafür trägt. Später, als die gute alte cappa als Ursprungsbegriff längst vergessen war, identifizierte man die Kappe, die Kopfbedeckung, mit dem Kopf des Trägers selbst. Daraus entstand **ich nehme das auf meinen Kopf**, was von der Sinngebung letztlich sogar logisch und auch rechtlich verbindlich blieb. Denn nach dem strengen Rechtsverständnis und den drakonischen Strafen der Vergangenheit ging es ja fast immer **um Kopf und Kragen**. Dort, wo in den Redensarten der Kragen ins Spiel kommt, dort ist auch immer der Kopf an sich gemeint, denn früher waren die beiden Begriffe so gut wie gleichbedeutend (siehe Kapitel »Körpersprache«, Seite 242 f.). Dass jemandem **vor Wut der Kragen platzt**, ist allerdings nicht mehr auf den Hals bezogen, sondern zielt auf die meist engen Kragen der jeweiligen Moden ab. Die eher norddeutsche Redensart **da krieg ich einen dicken Hals** ist die bessere körperliche Beschreibung der Situation – wenn im Zorn die Halsschlagadern anschwellen, dann könnte es natürlich in direkter Folge dazu kommen, dass der Kragenknopf aufplatzt.

Weiße Westen und taschenlose Hemden

Wie die Mode ändert sich auch die Sprache. Und so wurde aus dem Wams, dem ursprünglich gesteppten Leibrock unter dem Panzerhemd, der sich zum losen, die Brust bedeckenden Jäckchen entwickelte, im 17. Jahrhundert schließlich die Weste, heute häufig Gilet genannt. Dieses Kleidungsstück sollte keine Flecken haben, denn nur mit einer **weißen Weste** gilt man als integer und untadelig. Weiß ist bekanntlich die Farbe der Unschuld. Doch warum ausgerechnet die Weste weiß sein muss oder sollte, darüber haben sich schon viele den Kopf zerbrochen, ohne eine Erklärung zu finden. Zitiert wird zur Begründung manchmal ein deutscher Abgeordneter mit Namen Oertel, der stets eine blütenweiße Weste trug. Ob er auch unbescholten war, darüber schweigt die Chronik. Das Wams hat sich nur mehr im Zusammenhang mit Handgreiflichkeiten im Wortschatz gehalten: **durchwamsen, jemandem das Wams ausklopfen** oder **etwas aufs Wams geben** heißt alles dasselbe, nämlich verprügeln.

Den Frack, den großen abendlichen Festanzug des Herrn, gibt es erst seit dem 18. Jahrhundert. Die Bezeichnung selbst leitet sich aus dem englischen frock her, eigentlich der Name für ein langes Mönchsgewand. Wer **das große Fracksausen kriegt** oder schon hat, von dem kann man sich vorstellen, dass er in der Panik, die ihn befällt, mit flatternden Frackschößen davonrennt. Die Wendung **Manschetten haben** bedeutet das Gleiche und ist ebenfalls relativ jung. In der zweiten Hälfte des 18. Jahrhunderts wurden Manschetten modern, Überschläge an den Ärmeln. Sie galten als todschick, hatten jedoch einen entscheidenden Nachteil: Der Degen verfing sich in ihnen, weshalb dergleichen Modeschnickschnack zu Anfang hauptsächlich von Männern getragen wurde, die sich nicht schlugen, von Weichlingen eben. Nach und nach wurde die einfache Feststellung »Manschetten haben« also zum Synonym für Feigling.

Wenn man jemanden **am Frack hat**, dann bedeutet das genauso viel wie wenn man ihn **beim Schlafittchen** oder **beim Wickel** packt: Man lässt ihn so schnell nicht mehr los, er wird zur Rechenschaft gezogen, ordentlich ausgeschimpft oder gar malträtiert. Während die Bedeutung des Wickels ziemlich klar ist, lässt sich nicht sofort sagen, welcher Körperteil eigentlich mit einem Schlafittchen gemeint ist oder verhüllt wird. Wie immer bei Wörtern, deren Stammbaum nicht offenkundig ist, gibt es mehrere Erläuterungsversuche. Die meisten Sprachwissenschaftler plädieren für die Version, dass das Schlafittchen eine Ableitung von »Fittich«, dem alten, heute nur mehr in Dichterkreisen gebräuchlichen Wort für Flügel, und von »Schlag« ist, also im Grunde einen schlagenden Flügel benennt, bei dem man jemanden packt. Eben ähnlich wie am flatternden Frackschoß. Andere meinen, das Schlafittchen, das mancherorts auch »Klafittchen« heißt, sei weitschichtig verwandt mit dem hebräischen Wort für Kleid, khalif, das sich im Rotwelsch zu klafott und schließlich zu Klafottchen und Klafittchen weiter entwickelt habe. Wie dem auch sei, in Wien und umliegenden Dörfern werden dergestalt Verfolgte ohnehin **beim Krawattl gepackt**, und über den etymologischen Ursprung der Halsbinde besteht kein Zweifel (siehe Kapitel »Botschke, Hadschiluja!«, Seite 23 ff.): »Krawat« bezeichnete zuerst einen Kroaten. Da die Angehörigen des slawischen Volksstamms ganz charakteristische Halstücher trugen, wurde Krawat bald zur Bezeichnung für dieses Accessoire.

Dass **das Hemd näher ist als der Rock** ist eine der Binsenweisheiten, die sich zu geflügelten Worten aufgeschwungen haben. Vorgebracht wird dieser Sinnspruch immer dann zur Bekräftigung, wenn jemand seine eigenen Interessen überzeugender vertritt als die der anderen, was einem gesunden Egoismus entspricht, der an sich noch nicht verwerflich ist. Hergeleitet wird die Wendung, die auch der deutsche Kanzler Bismarck gern im Mund führte, von der Komödie »Trinummus« des römischen Dichters Plautus. Dort heißt es »tunica proprior pallio est«, ein Zitat, in dem weder Hemd noch Rock, sondern vielmehr die römische Tunika und das griechische, der Toga entsprechende Pallium vorkommt. Doch da hier zu Lande kein Mensch die antiken Kleiderregeln kannte, machte die Übersetzung zur Vereinfachung Hemd und Rock daraus. Was macht es schon aus, dass es zu Plautus Zeiten noch kein Hemd gab und sowohl Männer wie Frauen bis ins Mittelalter Schlupfgewänder aus groben Stoffen übereinander trugen?

Erst ab 1200 leistete man sich in besseren Kreisen leinene und manchmal sogar seidene Untergewänder. Solche Hemden wurden, weil direkt am Körper getragen und dem Taufkind ebenso übergezogen wie dem Toten, zum Sinnbild für einen existenznotwendigen Rest von Besitz, was in der Redensart **jemanden bis aufs Hemd ausziehen** bis heute mitschwingt. Verliert der Betroffene auch noch dieses letzte Hemd, dann geht es sozusagen **ums nackte Überleben**. Der sprichwörtliche Hinweis **das letzte Hemd hat keine Taschen** an die Adresse von Geizhälsen und Pfennigfuchsern geht in dieselbe Richtung: Ins Jenseits mag man vielleicht im Totenhemd gehen, aber jedenfalls ohne irdische Besitztümer. **Verkauft's mei Gwand, i fahr in Himmel**, lautet denn eine der berühmten Zeilen des Vormärzdichters Ferdinand Sauter.

Beutelschneider und Plaudertaschen

Die Tasche ganz ohne Hemd steht in Redewendungen oft im Zusammenhang mit Geld und Reichtum. Wer einem anderen **auf der Tasche liegt**, lebt auf dessen Kosten – und das meist gar nicht einmal schlecht. Dafür muss der Geldgeber dann oft **tief in die Tasche greifen**, um auch noch den letzten Groschen herauszuholen, wird aber vielleicht irgendwann **die Hand auf der Tasche halten**, nämlich nichts mehr hergeben.

Gleichbedeutend mit Tasche werden zuweilen die Wörter Beutel und Sack verwendet, wobei sie ebenfalls oft ein Behältnis zur Aufbewahrung von Geld bezeichnen. So existieren manche Redensarten sowohl in der Taschen- wie auch in der Beutel- und Sackversion. Wer **sich selbst in den Beutel lügt**, der verschließt die Augen vor den Tatsachen, vor allem vor finanziellen, und behauptet, ein gutes Geschäft gemacht zu haben, wenn er eigentlich Verluste eingefahren hat. Ein **Beutelschneider** ist ursprünglich ein Taschendieb, der das Geld nicht einfach aus der Tasche zieht, sondern den ganzen Geldbeutel, den die Herren früher am Gürtel baumeln hatten, abschneidet. Eine Technik, die wieder sehr in Mode kam, seit Frauen ihre Handtaschen an Schultergurten tragen. Unter **Beutelschneiderei** versteht man heute allerdings eher gesalzene Preise und jede Art von Übervorteilung.

Bei der Wendung **jemanden in den Sack stecken** geht es allerdings gar nicht ums Geld, sondern vielmehr darum, jemandem geistig oder körperlich überlegen zu sein. Verwendet wurde der Spruch schon im 15. Jahrhundert, und es scheint sich dabei nicht bloß um eine Redensart, sondern um einen handfesten Brauch gehandelt zu haben. So gibt es verschiedene Aufzeichnungen über Ringkämpfe, bei denen der Verlierer schlussendlich nicht ausgezählt, sondern in einen Sack gesteckt wurde. Auch Kaiser Maximilian II. soll zwei Edelleute um seine Tochter ringen haben lassen, und der Sieger **sackte** schließlich alles ein: den Rivalen und im übertragenen Sinn das Töchterlein plus stattlicher Mitgift.

In der Jägersprache bezeichnet das Wort Tasche übrigens die weiblichen Geschlechtsorgane, und so wird mancherorts eine Frau vorgerückten Alters wenig schmeichelhaft als **alte Tasche** bezeichnet, woraus sich mit der Zeit die **Plaudertasche** entwickelt haben soll.

Das Wort Knopf hat einen stattlichen Stammbaum und ist mit dem Knoten ebenso verwandt wie mit dem Knödel, der Knospe und dem Knauf. Wem **der Knopf aufgeht**, dem springt nicht der Hosenknopf ab, weil er zu dick ist. Vielmehr hat er eine zündende Idee zur Lösung eines Problems oder eine knifflige Sache enträtselt, wie einst Alexander der Große. Das Orakel wollte es, dass derjenige, der die kunstvolle Verknotung von Stricken am Wagen des Königs Gordios entwirrte, Herrscher über Kleinasien werden sollte. Alexander fingerte nicht lange herum, sondern hieb mit dem Schwert hinein: der **gordische Knoten** war gelöst. In diesem Sinn ist die in manchen Gegenden gebräuchliche Wendung **der Knoten ist gerissen** zu verstehen.

Um das stechende Hungergefühl im Bauch zu dämpfen, wurde den Soldaten in den Hungerjahren des Ersten Weltkriegs empfohlen, **den Riemen enger zu schnallen**, den Ledergurt ihrer Uniform fester zu zurren, ein Rat, der sich für jede Art der Einschränkung gehalten hat und heute auch in der Form von **den Gürtel enger schnallen** zu hören ist. Auch bei der Redensart **für eine Sache gegürtet zu sein** denkt man nur zu schnell an den Waffengürtel der Männer. Aber tatsächlich wird dabei der alte Schutzgürtel der Jungfrauen angesprochen, der sich als Brautgürtel im Prinzip bis heute erhalten hat. Der im bereits erwähnten Schillerschen Glocken-Gedicht angesprochene Gürtel – beim Hochzeitskleid der Brautgürtel – hat magische altgermanische Bedeutungen. Gürtel sind zur Abwehr von Krankheiten, bösen Einflüssen und Verwünschungen geeignet, daher wurden sie immer mit rituellem Schmuck oder zauberkräftigen Steinen besetzt. Der Brautgürtel musste aus Silber sein und wurde innerhalb der Familien von den Müttern auf die Töchter weitervererbt beziehungsweise gab es in bäuerlichen Gemeinden oft einen Gemeindegürtel, der jenen Bräuten zur Verfügung gestellt wurde, deren Familie sich einen silberbestickten Brautgürtel nicht leisten konnte. Wie mächtig solch ein Gürtel sein kann, erzählt das Nibelungenlied: Denn hätte Siegfried mit Hilfe der Tarnkappe der Königin Brunhilde den Gürtel nicht heimtückischerweise abgerungen, würde sich der frisch vermählte König Gunter bis heute hoffnungslos im Brautgemach abstrampeln. Kein Wunder, dass sich daher die Männerwelt den Gürtel als Zeichen der Unbesiegbarkeit später unter den Nagel gerissen hat: Boxweltmeister, Supercatcher und Gewichtheber haben auch in unseren Zeiten nach vollbrachter Gewalttat üppige Siegergürtel als Triumphzeichen. Wer denkt da noch daran, dass er ursprünglich ein Zeichen weiblicher Kraft war?

Gestrichen voll

Hosen waren in den letzten Jahrhunderten, abgesehen von den Trachten mancher Völker, traditionell die alltäglichen Beinkleider der Männer. Und so bedeutete im Deutschen wie im Englischen, im Französischen wie im Italienischen **die Hosen anhaben** das Gleiche wie »der Herr im Haus sein«. Auf Frauen angewandt, hatte die Redensart von den Hosen allerdings immer etwas Abschätziges und war eine Umschreibung für ein Mannweib, wie Grimmelshausens »Landstörtzerin Courache«, die sich »mit ihrem Leutnant umb die Hosen mit Prügeln (schlägt), und gewinnet solche durch ihre tapffere Resolution und Courache«. In den letzten dreißig Jahren hat die Redewendung allerdings etwas Patina angesetzt: Erstens sind Hosen nicht mehr dem männlichen Geschlecht vorbehalten und zweitens ist die unumschränkte männliche Macht im Haus ins Wanken geraten.

Was es zu bedeuten hat, wenn jemand **die Hose voll hat** oder sogar **gestrichen voll**, muss nicht lang erklärt werden, zumal sich von selbst versteht, womit diese Hose nur voll sein kann. Dementsprechend kann man, wenn etwas **in die Hose gegangen ist**, mit Fug und Recht sagen, dass es als nicht geglückt zu bezeichnen ist. Auch die Behauptung, man könne einem **die Hose beim Gehen flicken** ist recht bildhaft. Sie bezieht sich auf Menschen von eher bedächtiger Gangart und vor allem Arbeitsweise und wurde – früher! – besonders gern auf Beamte angewandt. Und als **Jacke wie Hose** bezeichnet man etwas, was völlig gleich und ganz egal ist, eben so wie Jacke und Hose aus demselben Stoff sind oder die zwei Enden einer Wurst sich ähneln.

Was dem Mann die Hose, ist der Frau die Schürze – zumindest war das so bis ins vorige Jahrtausend. Ein Mann, der **hinter jeder Schürze her ist** oder **jeder Schürze nachläuft**, wird gemeinhin als **Schürzenjäger** bezeichnet, eben einer, der schnell entflammt und die holde Weiblichkeit mit Annäherungsversuchen und Schmeicheleien verfolgt. Allerdings tauchte im Zusammenhang mit solchen Weiberhelden noch eine andere Ableitung des Wortes Schürze auf. Mit diesem Ausdruck wurde in der Jägersprache nämlich das weiße Haarbüschel unter dem Schwanz der Rehkuh bezeichnet. Von dort ist es zu den Genitalien nicht weit, und so soll die Schürze im übertragenen Sinn für die weiblichen Geschlechtsteile stehen, das eigentliche Ziel des Schürzenjägers.

Zweierlei Bedeutungen hat der Mantel, der ursprünglich gegen Witterungseinflüsse schützende Überwurf, im Lauf der Zeit bekommen: Er ist einerseits, wie der Hermelinmantel der Herrscher oder der Ordensmantel, ein Zeichen der Würde. Andererseits zeigt er Schutz an, eine Metapher, die sich aus einem alten Rechtsbrauch entwickelte. So war es im Mittelalter üblich, dass Verfolgte buchstäblich Schutz unter dem Mantel hoch gestellter Personen fanden. Die im 13. Jahrhundert aufgekommenen und hauptsächlich durch Dominikaner verbreiteten Schutzmantelmadonnen, unter deren Umhang Schutzbedürftige kauern, geben eine Darstellung dieses Brauchs wieder. Und vor diesem Hintergrund entstanden Redensarten wie **den Mantel des Schweigens** oder **den Mantel des Vergessens über etwas breiten**.

Wer **seinen Mantel nach dem Wind hängt**, ist einer, der seine Meinung ändert, je nachdem, welche Ansicht zu vertreten gerade günstig ist, je nachdem, **woher der Wind weht**. Ein solcher Mensch hat also weder besonders viel Charakter noch ein sehr starkes Rückgrat. Diese abschätzige Redewendung hatte im Ursprung jedoch einen eher positiven Sinn: Sie brachte zum Ausdruck, dass der Betreffende anpassungsfähig war und in der Lage, sich in wechselnden

Schutzmantelmadonna

Gegebenheiten zurechtzufinden. Und dann vielleicht **etwas aus dem Ärmel zu beuteln**, wozu jemand anderer eine längere Vorbereitungszeit gebraucht hätte. Das Bild des Aus-dem-Ärmel-Schüttelns stammt aus einer Zeit, als die Ärmel weit waren und deshalb Platz boten, um etwas darin aufzubewahren oder zu verstecken. Dass es etwa für Kirchenherren gang und gäbe war, in den geräumigen Ärmeln ihrer Ordenstrachten verschiedene Dinge mit sich zu tragen, geht aus etlichen anderen, heute oft nicht mehr gebräuchlichen Redensarten hervor, wie aus **Pfaffen haben weite Ärmel**, womit auch auf die bis ins 16. Jahrhundert üblichen Ablasszahlungen angespielt wurde. In jüngerer Zeit denkt man im Zusammenhang mit dem Ärmel, aus dem im übertragenen Sinn etwas zum Vorschein kommt, eher an Zauberer und Taschenspieler, zumal eine Version der Redewendung auch **aus dem Ärmel zaubern** lautet.

Pantoffel im Nacken

Eine Geschichte mit mehreren Versionen hat der **Blaustrumpf**, dieser nicht sehr schmeichelhafte Ausdruck für Mädchen und junge Frauen, die sich eher den geistigen als den körperlichen Genüssen und hausfraulichen Verpflichtungen zuwenden und deshalb als ziemlich realitätsfern, vertrocknet und bar jeden weiblichen Charmes angesehen werden. So viel steht fest: Es handelt sich dabei um eine Übersetzung des englischen Ausdrucks blue stocking. Als solch

Blausöckige wurden die Mitglieder des englischen Parlaments im 17. Jahrhundert bezeichnet, zumal sie alle gleich gekleidet waren, untenrum eben mit blauen Strümpfen – wie übrigens auch die deutschen Polizeidiener. Als die Frauen der besseren englischen Gesellschaft zu Anfang des 18. Jahrhunderts begannen, sich neben dem Kartenspiel anderen geistigen Beschäftigungen zu widmen, wurde über sie gewitzelt, sie sollten am besten dunkle, vielleicht blaue Strümpfe tragen, da sie ja vor lauter Schreiben und Denken vergessen würden, saubere Strümpfe anzuziehen. Eine andere Erklärung bezieht sich auf den Salon der Lady Montagu, wo der Gelehrte Benjamin Stillingfleet stets in blauen Kniestrümpfen auftauchte, die schließlich zum Markenzeichen der ganzen Montagu-Gesellschaft wurden. Erzählt wird aber auch, dass Madame Polignac aus Paris zu einer Einladung bei der englischen Lady in blauen Strümpfen erschien und von den anderen Damen dann kopiert wurde. Wer immer die auffällige Fußbekleidung zur Mode gemacht hat: Der Ausdruck Blaustrumpf gelangte schließlich über den Kanal nach Frankreich, in die Niederlande, nach Schweden, Deutschland und Österreich. Heute, da es gemeinhin nicht mehr als Nachteil angesehen wird, wenn Frauen denken, gilt er allerdings als veraltetes Relikt der Sprachgeschichte.

Die Socke war ursprünglich kein kurzer Strumpf, sondern als soccus ein leichter, niedriger Schlüpfschuh der alten Griechen und Römer. **Sich auf die Socken machen** heißt also nichts anderes als losgehen, und das nicht unbedingt bloß auf Strümpfen, die es in der heutigen Form ja erst seit dem 16. Jahrhundert gibt. Dieselbe Bedeutung hat **einen Schuh** oder **einen Stiefel machen**, heute hört man dafür auch öfter **sich vom Acker machen**. Dann ist man meist **gestiefelt und gespornt**, also reisefertig. Seit dem 18. Jahrhundert drückt das Wort Stiefel, wenn es nicht die Fußbekleidung mit hohem Schaft bezeichnet, aus unerfindlichen Gründen eine gewisse Stumpfsinnigkeit und Geistlosigkeit aus. **Red keinen Stiefel**, sagt man zum Beispiel, wenn man den anderen auf seine unsinnigen Äußerungen hinweisen will, **seinen Stiefel gehen** oder **seinen Stiefel fortmachen**, wenn jemand sich nicht von seiner wenig sinnstiftenden Vorgangsweise abbringen lässt.

Wer **weiß, wo ihn der Schuh drückt**, der kennt die Übel, mit denen er zu kämpfen hat, selbst wenn sie nach außen nicht sichtbar sind. Wie der Römer, von dem Plutarch erzählte, dass er sich von seiner wunderschönen Frau habe scheiden lassen, um die ihn jedermann beneidet habe. Auch seine Freunde konnten diesen Schritt nicht verstehen. Daraufhin zeigte der Mann auf seinen Schuh und sagte: »Nemo scit praeter me ubi me soccus premat.« – »Dieser Schuh ist auch schön und neu, aber niemand weiß, wo er mich drückt.«

Als Sinnbild von Besitz, Macht, aber auch der weiblichen Geschlechtsmerkmale wurde dem Schuh im Volksglauben oft magische Wirkung nachgesagt. So gibt es gerade im Zusammenhang mit Brautwerbung und Eheschließung viele Bräuche, in denen die Schuhe oder Pantoffel eine wichtige Rolle spielen. In manchen Gegenden wird zum Beispiel der Braut ein Schuh gestohlen, der dann vom Bräutigam wieder zurückgekauft werden muss. Auf einen anderen Brauch mit ähnlicher Symbolik geht die Wendung **unter dem Pantoffel stehen** zurück. Sie wird meist – allerdings nicht immer – auf Männer angewandt, die zu Hause unter der Fuchtel ihrer Frauen stehen. Schon sehr alt war die Sitte, dass der Sieger dem Unterlegenen als Zeichen der Unterwerfung **den Fuß in den Nacken setzt**. Diese Geste wurde in veränderter Form bis ins 19. Jahrhundert von Brautleuten während der Eheschließung nachgeahmt: Sie versuchten, sich gegenseitig auf die Füße oder auf ein Kleidungsstück zu treten. Wem von beiden das tatsächlich gelang, der sollte, so wollte es der Brauch, in der Ehe künftig das Sagen haben. Wahrscheinlich hat die Redensart sogar noch ältere Wurzeln. So hat die lydische Königin Omphale zum Zeichen ihrer Macht über ihren Sklaven Herakles stets eine Sandale bei sich geführt. Und Herakles verweichlichte während seines einjährigen Dienstes bei Omphale so sehr, dass er Löwenfell und Keule an sie abgab und sich in Frauenkleidung an den Spinnrocken setzte. Kaum ein Mann, der seine Frau heute zu **halt den Schlapfen** auffordert, ahnt wohl, in welchem anderen Sinn sie diese Zurechtweisung verstehen könnte.

Mit Schimpf und Schande

Und weil mir hab'n für das Alles an Sinn,
san mir von Kopf bis zum Fuß abi grün.
Dessweg'n schrein d'Leut wann wir gengan durch d'Stadt,
a da schaut's, da kommt jetzt der höchste Spinat.

Strophe aus dem Duett »Die Spinaterer«,
Melodie: Johann Sioly, Text: Wilhelm Wiesberg

Sprüche und Redewendungen
aus der untersten Lad

Die reichste, geradezu üppigste Ausformung von Redewendungen und Wortschöpfungen liegt einerseits im Bereich des Schimpfens, Spottens und Schmähens und andererseits in der Gaunersprache, die oft den Charakter einer Geheimsprache hat. Doch gerade hier ist eine Aufzählung und Beschreibung typischer Ausdrücke und Sprüche schwierig, ist die Sprache aus der untersten Lad doch meist regional gefärbt, weshalb ihrer Verwendung und damit auch ihrem Verständnis geographische Grenzen gesetzt sind. Tiraden wie »Des gschpreizte Gigerl kummt daher wia da Fürst Koks vom Kohlnhaufn« sind, wenngleich bildreich, für ungeübte Ohren schwer verständlich. Eingängiger klingt schon weniger Regionales wie »Der Fetznschädl hat a Gsicht wie a Briefkastl: rechts und links zum Einehaun«.

Hervorstechend ist jedenfalls, dass vor allem Schimpfwörter oft einer rassistischen und sexistischen Grundhaltung entspringen, die seit jeher dazu geführt hat, das andere, das Fremde zu verunglimpfen. Emotionsgeladen sind die Sager allemal, ihre Herkunft lässt sich jedoch nicht immer eruieren. Ein Beispiel dafür ist der heute noch vor allem in Ostösterreich und zuweilen sogar von Bürgermeistern viel zitierte **Koffer**, in der Steigerung **Vollkoffer**, für einen nicht sehr vifen Menschen. Dass ein harmloses Gepäckstück zu einem Schimpfwort wird, scheint doch etwas weit hergeholt, und tatsächlich gibt es zwei Möglichkeiten der Herleitung, hinter denen jedenfalls dieselbe Denkungsart steckt: Noch zu Kaisers Zeiten wurden in »Venedig in Wien« im Wiener Prater exotische Schauen gezeigt. Neben Eskimos und Indianern kam auch eine Truppe afrikanischer Menschen: Kaffern sagte man damals zu den Bantus aus Südafrika und Mosambik. Die Wiener haben die »nackerten Neger«, wie sie sie unter anderem nannten, phonetisch zu Koffern gemacht. Gleichzeitig aber war der Ausdruck Kaffer seit dem Beginn des 18. Jahrhunderts immer öfter im Gaunermilieu zu hören, ebenfalls beleidigend, ebenfalls auf einen dummen Kerl gemünzt. Wie viele Rotwelsch-Wörter ist der Kaffer jiddischen Ursprungs. Dort bezeichnet kapher einen Bauern – den Vertreter eines Berufsstandes also, dem manchmal eine gewisse Tölpelhaftigkeit nachgesagt wird.

Die Schmähung eines anderen Berufsstandes bringt der oben zitierte und heute kaum noch gehörte **höchste Spinat**, **Spinaterer** oder **Spinatwachter** zum Ausdruck, wobei es sich dabei keinesfalls um Leute handelt, die irgendetwas mit dem Blattgemüse zu tun haben. Diese Bezeichnung zielt vielmehr auf Wiener Polizisten in ihrer grünen Uniform, ist aber bereits seit dem Biedermeier üblich. Die Beamten der Zollwache, die unter anderem am Wiener Linienwall den

Eduard Ritter (geb. 1853), Wiener Zollwächter
beziehungsweise »Spinatwachter«

marktfahrenden Bauern die Steuern abnahmen, trugen nämlich grüne – spinatgrüne – Aufschläge an ihren Uniformen. Und so wurde mit »Spinaterer« bald jeder wichtigtuerische Mann belegt. Die **Spinatwachtel** ist, auch wenn sie verwandt klingen mag, nicht das weibliche Pendant dazu. Sie bezeichnet eine ältere, hagere, etwas schrullige, recht unfreundliche Frau, eine der Sorte, die manchmal auch als **Vogelscheuche** tituliert wird. Und genau das ist eine Spinatwachtel.

Vom Scherz zum Hohn

Die eigentliche Bedeutung des Wortes Schimpf war bis ins 17. Jahrhundert Spaß und Spiel, Scherz und Kurzweil, erst allmählich wandelte sie sich in den heutigen Sinn von Ehrverletzung und Hohn. Dass gerade die Kraftausdrücke, die andere Menschen herabsetzen, den meisten Platz in Schimpfwörterlexika einnehmen, verwundert nicht weiter. Und so können, um den Rahmen des Buches nicht zu sprengen, hier nur beispielhaft einige wenige zitiert werden, wobei die Palette der damit geäußerten Charakterisierungen vom eher Minderbemittelten über den Aufsässigen und Gemeinen bis hin zum tatsächlich gefährlichen Rechtsbrecher reicht. Ein **Armutschkerl** ist ungefähr dasselbe wie ein **Anbrennter** oder ein **Fetznschädl**: ein geistig dürftig veranlagter Mensch. Während hinsichtlich der Herkunft des Anbrennten nur Vermutungen angestellt werden können und der Fetznschädl ursprünglich eine Vogelscheuche bezeichnete, handelt es sich beim Armutschkerl um ein tautologisches Mischwort. Chudy kommt aus dem Tschechischen und bedeutet arm, dürftig und mager. Die Ableitungssilbe cek wurde mit der österreichischen Verkleinerungsendsilbe -erl angereichert, na, und arm ist ein solcher Mensch ja sowieso. Ebenso wie einer, von dem gesagt wird, **der ist nicht allein**. Gemeint sind damit Zeitgenossen, die mit sich selber oder inneren Stimmen sprechen, zuweilen dazu auch gestikulieren, sodass durchaus der Eindruck entstehen kann, sie seien eben nicht allein.

Die **terrische Kapelln**, mit der man einen Menschen tituliert, der nicht auf Anhieb versteht, was gemeint ist, stellt eigentlich eine Kapelle dar, in der die Fürbitten kein Gehör bei den angerufenen Heiligen finden. »Terrisch« oder »dearisch« heißt in verschiedenen Mundarten taub oder schwerhörig und soll sich aus dem mittelhochdeutschen töhret (dumm, unvernünftig) entwickelt haben. Den Umweg über den Trödler und Tändler, der mit wertlosem Zeug handelt, hat ein anderes Schimpfwort genommen: der **Tanderlan** oder **Dandalan**, der einen verschlafenen Langweiler bezeichnet, der keine Arbeit weiter- oder gar fertig bringt. Ein **Krenreißer** hingegen ist ein Mensch, der gern aufschneidet und angibt, protzt und groß tut. Wer es einmal getan hat, weiß, dass das Reiben von Kren keine besonders anspruchsvolle Tätigkeit ist, die eigentlich jeder vollführen kann. Wie auch aus der abfälligen Wendung **den brauch ich zum Krenreiben** hervorgeht, die kundtut, dass die Anwesenheit der in Rede stehenden Person im Moment nicht gewünscht wird.

Ebenso wenig wie die einer **Bissgurrn**, eines weiblichen Wesens, das sich durch seine scharfe Zunge und seine Herrschsucht hervortut. Die Herkunft dieser ausdrucksstarken Vokabel ist nicht restlos geklärt: Während die einen den Wortteil »gurrn« von der mittelhochdeutschen gurre, der Stute, ableiten, was eine bissige Stute ergäbe, meinen die anderen, es handle sich dabei um ein verballhorntes Lehnwort aus dem Tschechischen. Ein piskor bezeichnet dort den Schlammbeißer, einen Fisch, der bei Luftdruckschwankungen unruhig wird und zudem bei Berührung einen pfeifenden Laut von sich gibt.

Mit **Arschkappelmuster** wird ein ziemlich gemeiner Kerl beschimpft, in nicht gerade feiner Art, wenngleich die ehemals als derb und grob empfundenen Ausdrücke und Wendungen mit dem Wort Arsch heute durch allgemeinen Gebrauch eher entschärft wurden (siehe Kapitel »Körpersprache«, Seite 247). Aber wie kommt das Kappel samt Muster auf das Hinterteil? Möglicherweise ist das bloß das Resultat eines Hörfehlers, der sich in der Folge verfestigt und als Wortfindung weiterverbreitet hat: Arschkerbe sollte es eigentlich heißen, verwendet im selben Sinn wie Arschloch. Aus der Kerbe wurde dann eben das Kappel, dem dann noch das ironisierende Muster dran- oder draufgesetzt wurde. Möglich ist aber auch, dass es sich beim Arschkappelmuster um eine Anspielung auf die Schirmkappen handelt, die von den Strizzis gern getragen wurden, verbunden mit der Aufforderung, sie auf eine andere Körperstelle als den Kopf zu setzen.

Petites und Meier machen

Naturgemäß ist der Wortschatz der Vulgärsprache in der Unterwelt am größten, dort, wo die Stoßspieler, die Huren und ihre Louis, die Taschelzieher und die Hehler zu Hause sind und wo man **Petites macht**, kleine oder auch größere Betrügereien, die mit dem eingedeutschten französischen Wort für klein, petit, umschrieben werden. Manche der Begriffe und Wendungen sind in die Allgemeinsprache eingegangen, andere blieben beschränkt auf eine Randgruppe, wieder andere sind völlig verschwunden. So wie die zahlreichen Namen für den kleinen oder größeren Gauner: vom **Strizzi** ist heute kaum noch die Rede, selten auch **Pü(l)cher**, wie man in Wien sagt, eine Bezeichnung, die auf die gar nicht immer frommen Pilger früherer Jahrhunderte anspielt. Auf beide passt jedenfalls die Warnung **Pass auf, der is net frank!** Frank ist wie in der hochsprachlichen Wendung **frank und frei** ein Überbleibsel der Franken, die als Eroberer der Inbegriff des freien Mannes waren. »Net frank« ist einer, der zwar (vorübergehend) frei sein mag, aber nicht offen ist und sicher nicht offenherzig.

Was heute hauptsächlich als **Kohle** tituliert wird, war bis vor kurzem und ist in manchen Kreisen auch

Ein von einem Wachmann eskortierter Pülcher,
Federzeichnung von Rudolf Röhringer

heute noch **die Marie**. **Reib her die Marie** lautet die gängige Aufforderung, mit dem Geld herauszurücken. Das Reiben beschreibt eine ausladende Armbewegung, wie aus der Redensart **jemandem eine reiben** mit der Bedeutung eine Ohrfeige verpassen ebenso hervorgeht oder aus der Feststellung **es rührt sich nix und es reibt sich nix**, was soviel heißt wie dort ist es vollkommen still. Der weibliche Vorname Marie hingegen ist eines der vielen Synonyme für Geld, und es gibt natürlich etliche Erklärungsansätze, warum gerade dieser Name Münzen und vor allem Scheine bezeichnen soll. Einer davon lautet, dass Marie hier gar nichts mit einem Mädchen zu tun hat. Vielmehr soll es sich dabei um eine Verballhornung des Zigeunerausdrucks maro für Brot handeln, der hier zu Lande eben die Bedeutung von Geld annahm. Noch eine andere Bezeichnung für Geld, nämlich **Moos**, klingt nur vermeintlich wie die rasenbildenden Landpflanzen. Dahinter steckt ganz einfach das jiddische Wort für Kleingeld, maos, das über das Rotwelsch und über die Studentensprache in den allgemeinen deutschen Wortschatz einging. Mancherorts ist für Kleingeld neben dem **Schotter** die Bezeichnung **a paar Netsch** in Gebrauch. Über die sprachfamiliäre Herkunft gibt es verschiedene Vermutungen, so wird einerseits das ungarische Wort négy (vier) als Ursprung angeführt, zumal vier ja eine wahrlich kleine Anzahl (von Münzen) ist. Andererseits wird auf die im Etschtal einst im Umlauf befindlichen klitzekleinen Münzen mit dem Namen »Etsch« verwiesen, deren Verschmelzung mit dem unbestimmten Artikel zu Netsch geführt haben könnte. Und schließlich wird mit »Nezerl« in manchen Gegenden ein sehr kleiner, schwächlicher Mensch bezeichnet, der für die Netsch Pate gestanden haben könnte.

Wer zu wenig Marie, Moos, Netsch, jedenfalls Geld hat, der kann **fechten gehen**, eine im gesamten deutschen Sprachraum verwendete Redensart für das Betteln, die tatsächlich auf das Kreuzen der Klingen zurückzuführen ist. Söldner, die nicht wieder angeworben wurden, pflegten im Mittelalter durchs Land zu ziehen und ihre Fertigkeit im Fechten zu zeigen, für Geld, versteht sich. Auch die Handwerksburschen, die sich zu ganzen Gesellschaften zusammenschlossen, verdienten auf diese Weise genug zum Leben. Allerdings nur bis zu Anfang des 19. Jahrhunderts. Dann wurden diese Fechtgesellschaften verboten. Die Klinge führende Handwerker waren der Obrigkeit dann doch zu gefährlich.

Wem selbst das Fechten oder Betteln nichts hilft gegen die Geldknappheit, der bedauert wenig fein: **Mir geht die Haut beim Arsch net z'samm.** Hochdeutsch hieße das vielleicht »ich nage am Hungertuch« (siehe Kapitel »Im Anfang war das Wort«, Seite 97). Zuweilen wird diese Feststellung auch gesungen, und zwar mit Melodie und erster Zeile des Weihnachtsliedes »O Tannenbaum«. **Neger sein**, in der Steigerung **dippelneger**, beschreibt die gleiche missliche Lage. Ein Ausdruck, der sich daraus herleiten mag, dass **abgebrannt sein** dieselbe Bedeutung der vollkommenen

Pleite hat und es hier nur auf die Farbbeschreibung ankommt: verkohlt ist gleich schwarz. Abgebrannt sein wurde ursprünglich wörtlich genommen, für Menschen, die durch den Brand ihres Hauses Hab und Gut verloren hatten. Erst im Dreißigjährigen Krieg verstand man darunter ganz allgemein verarmte Menschen, im letzten Jahrhundert immer mehr solche, die über keinerlei Bargeld verfügen. Wahrscheinlich aus diesem Bild des Abgebranntseins, das die völlige Mittellosigkeit darstellen soll, entwickelte sich auch die Bedeutung von **brennen** hin zu bezahlen und in der besonders bildhaften Form zu **brennen wie ein Luster**.

Die Folge solchen Brennens oder Abbrennens ist **Meier zu sein**, nämlich völlig bankrott, eine Wendung, die auch im Sinn von betrogen sein verwendet wird. Der häufige österreichische Familienname musste ja für allerlei vulgärsprachliche Redensarten herhalten, sehr zum Leidwesen seiner Träger. So heißt **Meier gehen** soviel wie erwischt, **Meier mochn** verhaftet werden. Dabei stand am Anfang dieser Meiereien höchstwahrscheinlich kein Pleite gegangener Gauner namens Meier, sondern vielmehr das jiddische Wort für Furcht, mora, die ja in diesem Zusammenhang nicht von ungefähr kommt.

Bekommt einer dann tatsächlich eine Gefängnisstrafe aufgebrummt, so **geht er in den Häfn**, eine mundartliche Ableitung der Haft, des Gewahrsams. Dann hat er in Wien **sein Schmalz gekriegt**, anderswo **sein Fett**

weg, nämlich die verdiente Strafe erhalten. Das klingt nicht sehr logisch, zumal vor den Zeiten der Justizreformen in den Haftanstalten Wasser und Brot und weniger Fett serviert wurde. Sprachwissenschaftler einigten sich deshalb zuerst auf die Herleitung der Redeweise aus dem Französischen, wo man donner son fait à quelqu'un sagt, wenn man jemanden gehörig herunterputzt. Doch wahrscheinlich steckt hinter dem Schmalz und dem Fett ein ländlicher Brauch. Nach Hausschlachtungen wurde an alle, die daran teilgenommen hatten, eine bestimmte Menge des Fettes verteilt, eben das, was jedem zustand. Es bekam jeder sein Fett. Auch die Wendung **jemandem eine schmieren** für eine Ohrfeige verpassen soll diesen Ursprung haben.

Gewerbe der Gunst

Ein Strich ist im allgemeinen Sprachgebrauch eine gezogene Linie, in der Jäger- und Ornithologensprache der Begriff für die Richtung, die Vögel auf ihrem Zug nehmen, und somit ein Überbleibsel des mittelhochdeutschen Worts strich, das Richtung bedeutete. **Auf den Strich gehen**, die Umschreibung für Prostitution, hat möglicherweise mit beidem zu tun. Die männliche Waldschnepfe streift während ihres Balzflugs durch den Wald, ein Weg, den die Jäger als »Schnepfenstrich« bezeichnen. Da »Schnepfe« in manchen Gegenden der Spitzname für eine Dirne ist, scheint der Zusammenhang mit dem Herumstreifen der auf

Freier wartenden Prostituierten klar, sofern man übersieht, dass sich bei den Waldschnepfen das Männchen auf den Strich begibt. Deshalb wird auch eine zweite Bedeutung des Wortes Strich zur Erläuterung der im gesamten deutschen Sprachraum gebräuchlichen Redensart herangezogen: Da Strich im Rotwelsch auch einen Landstrich bezeichnet, nämlich jenes genau definierte Gebiet, in dem gebettelt, hausiert und herumgezogen wird, drängt sich die Erklärung auf, dass der Strich der Prostituierten einen ebenso genau begrenzten Bereich darstellt, was den ungeschriebenen Gesetzen des Gewerbes entspricht.

Auch für die Herkunft des Wortes **Puff** für Freudenhaus, das überall im deutschen Sprachraum verwendet und immer noch gängig ist, gibt es mindestens zwei Versionen. Das Wort selbst ist lautmalerisch, es ahmt das Geräusch des Knallens, Schießens, Stoßens nach und ist schon seit mittelhochdeutscher Zeit in der Form von buf dokumentiert. Beim Aufschlagen von Würfeln entsteht beispielsweise ein solcher Laut, und wahrscheinlich wurde das seit dem 13. Jahrhundert beliebte Brettspiel mit Würfeln deshalb einfach »Puff« genannt. Ungefähr zur selben Zeit wurden in europäischen Städten die ersten Bordelle eingerichtet, doch es dauerte ein Weilchen, ehe das Bordell zum Puff wurde, beziehungsweise ehe das Puff ins Bordell kam. Angenommen wird nämlich, dass Herren, die das wahre Ziel ihres abendlichen Ausflugs verschleiern wollten, davon sprachen, »Puff spielen« oder aber »zum Puff gehen« zu wollen. Im 18. Jahrhundert war schließlich klar, was hinter dem allseits beliebten »Puff« tatsächlich steckte; das Würfelspiel wurde in Tricktrack umgetauft, und Puff ist heute eben Puff. Einfacher scheint freilich die zu Anfang angeführte Erklärung, dass es sich bei »Puff« eben um ein Schallwort handelt, das das Geräusch des Stoßens wiedergibt. Der Umweg über das Würfelspiel wäre damit hinfällig.

Zahlreich sind die Begriffe, die die in Freudenhäusern tätigen Damen bezeichnen, und die zuweilen als Schimpfwörter in die Allgemeinsprache eingedrungen sind oder umgekehrt von dort kommen. Die **Schlampe** ist ursprünglich eine nachlässige, schlecht gekleidete, nicht gekämmte Frau. Das Wort ist von der indogermanischen Wurzel slab abgeleitet, was schlaff herabhängend bedeutete. Dieser Wortstamm hat sich vor allem im Deutschen weit verzweigt – so stammen zum Beispiel auch die Wörter schlafen, Lappen und Lumpen davon ab. Im 17. Jahrhundert jedenfalls verhöhnte Christian Reuter, der als Leipziger Student mit seiner Hauswirtin in Streit geraten war, die Dame in den satirischen Lustspielen »Die ehrliche Frau zu Plissine« und »Der ehrlichen Frau Schlampampe Krankheit und Tod«. Damit wurde der Begriff Allgemeingut, und nach und nach wandelte sich seine Bedeutung von der schlampigen Frau – wie er auch heute in Deutschland noch gebraucht wird – in die liederliche, wie er eher in Österreich üblich ist.
Keiner weiteren Erläuterung bedürfen bildhafte Bezeichnungen wie **Bordsteinschwalbe** oder **Strich-**

katz; die **Decklkatz** hat ihren Namen vom **Deckl**, der Gesundheitskarte, die **Gustokatz** bezeichnet eine Prostituierte, die sich für ihre Dienste nicht immer bezahlen lässt, die Herren also auch nach Gusto aussucht. Für **Ripperl** gibt es keinerlei einleuchtende Etymologie, dafür zeigen eindeutige Hinweise, dass das **Flitscherl**, zu Deutsch das **Flittchen**, etwas mit den Flitterwochen zu tun hat. Beide Wörter sind Ableitungen aus dem mittelhochdeutschen vlittern, das einerseits die Bedeutung von flittern, unruhig glänzen, und andererseits jene von flüstern, kichern und liebkosen annahm, wobei das Flittchen sich höchstwahrscheinlich aus dem wertlosen Tand, dem Flitter und weniger aus den Liebkosungen entwickelte. Aber mit der Herkunft der Wörter ist das eben so eine Sache.

Quellennachweis

Der Duden, Band 7: Herkunftswörterbuch, Bibliographisches Institut & F.A. Brockhaus, Mannheim 1989

Flugblattsammlung der Musiksammlung der Wiener Stadtbibliothek

Charles Earle Funk: A hog on ice & other courious expressions, Harper & Row, New York 1948

ders: Heavens to Betsy & other courious sayings, Harper & Row, New York 1955

Roland Girtler: Rotwelsch. Die alte Sprache der Gauner, Dirnen und Vagabunden, Böhlau Verlag, Wien 1998

Christoph Gutknecht: Lauter blühender Unsinn. Erstaunliche Wortgeschichten von Aberwitz bis Wischiwaschi, Verlag C. H. Beck, München 2001

ders: Lauter spitze Zungen. Geflügelte Worte und ihre Geschichte, C. H. Beck'sche Verlagsbuchhandlung, München 1996

Maria Hornung: Wörterbuch der Wiener Mundart, ÖBV Pädagogischer Verlag, Wien 1998

Kurt Krüger-Lorenzen: Deutsche Redensarten und was dahintersteckt, Wilhelm Heyne Verlag, München 2001

Viktor T. Malygin: Österreichische Redewendungen und Redensarten, ÖBV Pädagogischer Verlag, Wien 1996

Mein Name ist Hase, Musik: Werner Twardy, Text: Lilibert © 1971 bei Carlton Musikverlag Hans Gerig & Co., Bergisch Gladbach

Lutz Röhrich: Lexikon der sprichwörtlichen Redensarten, Verlag Herder, Freiburg im Breisgau 1973

Mauriz Schuster: Alt-Wienerisch, Österreichischer Bundesverlag, Wien 1984

Mauriz Schuster/Hans Schikola: Das alte Wienerisch. Ein kulturgeschichtliches Wörterbuch, Franz Deuticke Verlagsgesellschaft, Wien 1996

Johann Nestroy: Komödien. Herausgegeben von Franz H. Mautner, Insel Verlag, Frankfurt am Main 1970

Peter Wehle: Die Wiener Gaunersprache, Verlag Carl Ueberreuter, Wien 1997

Richard Weihs: Wiener Wut. Das Schimpfwörterbuch, UHUDLA Edition, Wien 2000

Wiener Lieder und Tänze. Zweiter Band, im Auftrage der Gemeindevertretung der k.k. Reichshaupt- und Residenzstadt Wien, herausgegeben von Eduard Kremser, Verlag Gerlach & Wiedling, Wien und Leipzig 1913

Stichwortverzeichnis

Bildnachweis